LAS CENIZAS DEL ÁNGEL

JORDI TEIXIDOR
RAFAEL HERRERA GUILLÉN

LAS CENIZAS DEL ÁNGEL

Un diálogo sobre Arte y Filosofía

Diseño de cubierta:
Carlos Lasarte a partir de un cuadro de R. H. Guillener.

© JORDI TEIXIDOR y RAFAEL HERRERA GUILLÉN, 2025
© EDITORIAL TECNOS (GRUPO ANAYA, S. A.), 2025
Valentín Beato, 21 - 28037 Madrid

PAPEL DE FIBRA
CERTIFICADA

ISBN: 978-84-309-9254-6
Depósito Legal: M-8535-2025

Printed in Spain

ÍNDICE

«El negro es el negro, y todo lo demás son colores».
Jordi TEIXIDOR

«Esta evidencia universal de la ceniza impulsa mi ánimo».
Rafael HERRERA GUILLÉN

PRELIMINAR

Rafael Herrera Guillén

EL DIÁLOGO FILOSÓFICO: UN GÉNERO RENOVADO

Este libro parte de una serie de conversaciones que tuvimos Jordi Teixidor y yo en la primavera de 2024. El material que surgió fueron varias horas de grabación y numerosos apuntes que yo tomaba después de cada encuentro, en la idea de inscribir las conversaciones en la larga tradición del diálogo filosófico. Obviamente, no pretendía remedar el modelo original clásico platónico ni su renovación humanista, sino adaptar sus elementos a la contemporaneidad.

Al componer las conversaciones en la forma diálogo se tienen en cuenta elementos clásico-renacentistas como el cuidado en la agilidad de la conversación para que no decaiga en prosaísmo ni tampoco en lucimiento de ingenio. En este diálogo de *Las cenizas del Ángel* se deja siempre emerger la parte humana, la duda, la reflexión a medias, las repeticiones, de modo que la conversación se nutra de la vida misma tanto como del intelecto. Se presentan dos vidas expresando su punto de vista acerca de cuestiones sobre las que tienen certezas, opiniones y dudas, y en ocasiones, lógicamente, surge el humor propio de una ironía, elemento central de la vida y, desde luego, del diálogo filosófico.

Este diálogo, además de la herencia clásica y humanista, se hace cargo de los hallazgos de la literatura y de la filosofía contemporáneas. Proust, Joyce, Nietzsche, Derrida no han pasado en vano por nuestro mundo. En tal sentido, hay un elemento subjetivo, de atención a otra temporalidad diferente a la propia de la conversación, que va tejiendo un clima a lo largo de las conversaciones.

Las conversaciones tuvieron lugar en días distintos, no obstante, no se han eliminado las reiteraciones, pues pensamos que la depuración editorial sería aquí precisamente lo contrario, corrupción. En el diálogo hay recurrencias que conforman el ambiente, la pequeña *Stimmung* que ha rodeado los encuentros entre Jordi y yo. La enfermedad, el silencio, los títulos secretos de ciertos cuadros coetáneos a las conversaciones, la decepción filosófica, los recuerdos se dejan explayar aquí y allá, vienen y van, como la vida misma, que no puede editarse cuando es vida.

ANTES DE MI ENCUENTRO CON TEIXIDOR

Mi vida consiste en trabajar con el lenguaje, a quien he sentido desde hace años como enemigo mortal, como homicida. Una secreta sima se abría ante mí. Vivía en un asedio logofóbico cada vez más profundo. Ejercer públicamente la filosofía como profesor y escritor era, secretamente, para mí como teatralizar un suicidio lento. Sentía, además, que no tenía derecho al silencio. Se repetía una letanía:

«Escribir es desesperar en el propio silencio. Casi nunca es paz el silencio mío. Aun no me he ganado esa paz vencida, ese vacío fértil de estar callado. No sé qué será de mí cuando me abandone el último verbo. Solo sé que he fracasado en cada palabra y que traté de salvar la poca alma que me quedaba a través del color y la forma».

Había dilapidado mis energías en fértiles antros del saber. En ningún lugar he sido más feliz que en la Universidad. Pero no hay mayor tragedia que recorrer todo el camino para desembocar en un destino-otro.

Comencé a buscar el tiempo perdido. Siempre temí que madurar consistiera en pasear un niño muerto en el corazón. Sin embargo, yo todavía podía escuchar los balbuceos persuasivos de aquella criatura lejanísima. Y la escuché, ya sin ingenuidad. Me devolvió al origen, al joven que en los años 90 comenzó a estudiar filosofía. Este me dijo:

«La filosofía ni tan siquiera ha rozado las preguntas de entonces. La filosofía te ha engañado, no ha cumplido ninguna de sus promesas. Te has convertido, viejo amigo, en un profesor de universidad. Has tenido un gran éxito, has logrado lo que buscabas, pero a costa de ocultar tus sueños».

EL ENCUENTRO CON TEIXIDOR

Estudiar constituye buena parte de la labor profesional del profesor universitario. Sucede que llevo años en los que, en lugar de tomar apuntes de cuanto estudio, dibujo bocetos inspirados en conceptos filosóficos. Y un día tuve la idea de reorientar académicamente esta desviación mediante la creación de una asignatura sobre Arte y Pensamiento en la España contemporánea. Y con tal título fue aceptada por mi Facultad. Había que ponerse manos a la obra y dotar de contenido visual y escritural a la futura asignatura. En tal sentido, comencé a realizar programas para TVE2/UNED sobre la cuestión, en los que entrevistaba a determinados pintores que consideraba fundamentales para la asignatura, por serlo para la historia de la pintura contemporánea española. El primero de ellos fue con Rafael Canogar[1]. Poco después propuse a Jordi Teixidor participar en la serie. Se ofreció con toda generosidad. Quedamos en su estudio y, al poco rato de comenzar a conversar, mi intuición me dijo que sería muy valioso que aquellas palabras no se las llevara el viento. Por eso mismo, en lugar de un programa, grabamos dos, y además le propuse continuar con la grabación de una serie de conversaciones. No me cabía duda de que podría salir un libro diferente que vendría a enriquecer otras reflexiones vertidas por el pintor[2].

A menudo no se sabe cuándo el pintor es filósofo y cuándo el filósofo es pintor. Los personajes reales de este diálogo (como en *Utopía* de Tomás Moro) a veces parecen enmarcarse en la ficción. En sus palabras se expresan momentos vitales inversos, pero justo por ello complementarios, de la pintura a la filosofía, de la filosofía a la pintura.

El 12 de febrero de 2024 publiqué un artículo sobre Jordi titulado «Filosofía del umbral en Jordi Teixidor»[3]. Había una inercia que no debía dejarse morir. Este libro es la continuación de aquella inercia. En este diálogo no hay solo palabras. De hecho, las palabras no son lo más importante en este pequeño volumen en el que, finalmente, el lenguaje anhela diluirse en *Las cenizas del Ángel*.

---

[1] «Rafael Canogar: el amor por la pintura». Puede verse en la web de TVE A la carta o en el canal de TVE en YouTube.

[2] Vid. Jordi TEIXIDOR, *Hemos venido a no ver. Conversaciones con Agar Contiñas*, Cátedra, Madrid, 2021; o Jordi TEIXIDOR/Chantal MAILLARD, «Un artista en el caballo de Troya», Catálogo de la exposición *Ritos de paso*, Ayuntamiento de Santa Fe, 2012, *et al.*

[3] Se puede encontrar este artículo en el apéndice «Textos sobre arte y filosofía» de este libro.

LAS CENIZAS DEL ÁNGEL

Un diálogo sobre arte y filosofía

Jordi Teixidor y Rafael Herrera Guillén

3 DE MARZO DE 2024

El día está gris, pero no plomizo. La primavera se retrasa, le gana la partida el invierno, que vino tarde y ahora se enseñorea a destiempo, como un soberano vago y algo farsante. El metro huele a metro. Todavía desprende vapores como de hollín muerto y repegado en sus paredes tubulares, otrora refugio de guerra, hoy puntual vehículo, aséptico, plastificado. Me detengo en la parada de Plaza Elíptica, en el barrio de Carabanchel. Me encuentro con el Yakarta, el bar que vigila la plaza desde hace décadas. Lo recuerdo bien. Era un barrio duro, entonces. Otros chicos me robaron un collar cuando niño. Eran dos. Tipos duros, oscuros, hoy probablemente ya muertos. Sí. Aquel Madrid que cantaba en Malasaña y se iba poblando de fantasmas desde Luchana hasta Carabanchel, entonces casi poblado. Años 80, años sin melancolía.

Y como decía, el día anda algo gris, pero abierto a la luz. Me encamino al estudio, regreso al 3 de marzo de 2024. He quedado en el estudio de Jordi Teixidor. Llego a la puerta, esa puerta metálica, de metal urbano, de esas que tienen un gong ronco cuando las tocas. Es difícil imaginar que detrás de ella se accede a un espacio en donde se hallan pinturas tan llenas de honda y serena hermosura, obras, a menudo, que no necesitan a la belleza para ser pura presencia. Toco. Me recibe Jordi con una sonrisa. Ha tenido goteras en el estudio. Está con líos del seguro, porque ellos no entienden bien que esos papeles pintados que se han mojado valen algo más que unos papeles pintados.

Tiene dos cuadros colgados. Uno antiguo, que ya conozco, uno de esos llenos de rayas amarillas, sobre una base que se adivina negra y derrotada. A su lado, a la izquierda, uno que no conozco, en el que está trabajando. No me atrevo a preguntarle aún el título. Los dos anteriores se titularon *Suicidio* y *Esquela*. Hermosas obras, terribles nombres. Es tan elegante que no se molesta en molestar al espectador con sus títulos y, cara al público, en catálogo, aparecen sin más como obras sin título. Teixidor tiene títulos secretos para algunos de sus cuadros, cuyo desvelamiento he tenido la audacia de pedir.

Él se sienta en un sillón y yo en una de sus sillas más antiguas. Me escurro al principio y casi me caigo, hasta que la domo y mantengo una especie de cómodo, pero inestable equilibrio. Ambos llevamos bufanda. El frío. El punzante frío. Mira a una de las paredes donde tiene colgada una obra y dice:

JORDI TEIXIDOR (JT). Llevan para ARCO tres cuadros.

RAFAEL HERRERA (RH). ¿Ah, si? ¿Ese es uno de los que llevan?

JT.   No. Otros. No tengo aquí las fotos.

RH.   Bueno, ya los veré.

JT.   Pero mi trabajo no sé si es para ARCO. Creo que no soy un pintor de ARCO.

RH.   ¿ARCO qué es ahora exactamente?

JT.   Es la feria de los conocidos, de los festeros y de la burguesía que va durante tres días a estar ahí, a creer y hacer como que son amantes del arte y que compran, etc. Pero ARCO no tiene ninguna incidencia social. Aunque es verdad que ha mejorado el conocimiento del arte en España, pero no hay mercado.

RH.   Tiene algo de paradójico que haya mejorado el conocimiento y el seguimiento del arte a nivel general y que, sin embargo, no haya una cultura de coleccionismo proporcional, en España me refiero.

JT.   Es que yo creo que lo que no hay tampoco es interés ni incentivo para captar capital para el arte. Es decir, aquí los inversores extranjeros vienen y se compran una casa de tres millones de euros, pero arte español no compran. La gente no gasta dinero en arte, ya no le compensa. Por ejemplo, si le echas un vistazo a las revistas de diseño o decoración, no hay cuadros en las paredes, ponen papel pintado, ponen fotografía, y es que no les gusta el arte, no les gusta el arte. No les gusta vivir con la pintura en casa, no les gusta identificarse con una pintura que permanezca en tu interior doméstico y que a la vez expande tu conocimiento, tu sabiduría. Y luego está también el valor económico. Es decir, que compran un determinado pintor porque están convencidos de que es un valor seguro, porque está de moda, a veces no por su calidad como artistas, sino porque para ellos estos artistas significan dinero, creen que sus obras revertirán como una eficaz inversión en el futuro.

RH.   ¿Y tú, cómo te ves, cómo ves tu pintura, cómo crees que es percibida? No me refiero al mundo intelectual, en el que tú trayectoria es muy reconocida, sino al mundo del mercado del arte y del coleccionismo.

JT.   En mi pintura fallan dos cosas. El tipo de pintura que hago (no ya el tema), la profundidad con la que pretendo que mis cuadros sean mirados, el sentido que le doy a la plástica, que nunca es ornamental, que nunca es decorativa, sino que, por el contrario, es un lenguaje que contiene «algo» y ese «contener algo» hay que degustarlo. Por eso, mi pintura «puede» gustar, pero a la mayoría no le gusta. El cuadro les inquieta y un cuadro que inquiete intelectualmente no gusta. A no ser que tengas una preparación, unos conocimientos; que es lo que debe ser, como cuando lees una novela, te tiene que atraer, pero antes necesitas saber leer. Eso, por un lado: es decir, mi pintura es muy poco *à la page* [a la moda]. Pero, por otro lado, no me siento desplazado, aunque no estoy muy bien ubicado dentro del mercado.

No me siento desplazado porque creo que, después de tantos años, en mi trabajo se aprecia una coherencia desarrollada y muy profundizada; se reconoce una manera de entender la abstracción que no es la manera española de entender la abstracción, y en este sentido, creo que mi obra es respetada. Creo que soy un pintor respetado. Por supuesto, también criticado. Pero creo que soy un pintor respetado después de muchos años.

En los niveles ya más altos, intelectuales, creo que respetado, e incluso, en algunos momentos, considerado con cierta admiración y reconocimiento. Pero al mercado no le interesa un pintor como yo, a menos que estuviera ahora exponiendo en el MoMA. Entonces, automáticamente, se produciría todo un circuito de admiración mercantilizada.

RH.   Y tu experiencia fuera, ¿cómo ha sido?

JT.   Bastante desastrosa. Primero, porque no he expuesto mucho en el extranjero. He expuesto casi exclusivamente en colectivas. En colectivas en las que se han vendido algunas cosas. Donde mejor ha funcionado mi mercado en el extranjero ha sido en América Latina. Por ejemplo, a raíz de la exposición que hice en Bogotá, pues se han vendido bastantes piezas, bastantes, bastantes. Y en ferias como las de México o Miami algo también. Es decir, que esta geometría que hago, en el mundo latino, como Colombia, Venezuela, donde están más acostumbrados, se ha entendido mejor y ha tenido una aceptación suficiente como para ser comprada.

RH.   Esto me parece paradójico o digno de pensar como caso extraño. Me refiero al hecho de que tu pintura es, estilística y conceptualmente, de las más europeas de las españolas, sin embargo, parece menos internacionalizable que otras que se pueden considerar como más castizas, más españolas, más de la «veta brava». Parece como que todavía en España tenemos que exportar estilos más gestuales, apasionados, parece como que el mercado exterior europeo y americano esperan eso de este país.

JT.   Naturalmente que mi abstracción, mi geometría es más europea que la de la mayoría de los colegas. Al mismo tiempo, se produce ese desfase de la cultura española. En Alemania, por ejemplo, hay pintores como Blinky Palermo. Yo hago una pintura muy en esta línea y aquí te dicen: «Y el Teixidor este quién es». Es decir, como tantas veces, vamos atrasados, creo yo.

RH.   ¿Crees que todavía hay un desfase de la cultura española respecto de Europa y América? Parece ser que todavía la única manera de internacionalizarnos más sigue siendo a través de la exportación de lo de siempre, es decir, lo gestual, goyesco, gris, negro, que no considero que no sea válido, todo lo contrario, me apasiona, pero no es lo único.

JT.   Lo español sigue acompañado de unos topicazos [afirma con algo de sorna y resignación], de una historia fabulada, inventada, que tiene éxito, no porque sea española, sino porque es lo que espera el mercado cuando se dirige al nicho español. Si conectas con esos prejuicios te puedes convertir en un artista español de éxito en el extranjero. Pero te tienes que inventar una espiritualidad, o una gestualidad atractiva, que esté bien explicitada gracias al uso de buenos materiales y sumarle una buena estrategia de *marketing*. Entonces se convierte en el gran español que está exponiendo en el extranjero. En el extranjero, ese tipo de cuentos místicos si vienen de España se lo creen, si vienen de Rusia se lo creen, pero si vienen de Dinamarca o de Alemania, pues te dicen: «Déjate de cuentos».

Un señor de cultura centroeuropea, que ha marcado hitos en la cinematografía internacional, como Wim Wenders, es capaz de hacer una película magnífica como *Perfect Days*. ¿Tú te imaginas a un español dirigiendo una película sobre la limpieza de los retretes públicos en Tokio? No. No saldría. No le tomarían en serio. Quien sale al extranjero en España es Almodóvar. Yo creo que, cuando nosotros salimos al extranjero, nos piden unas cosas tópicas.

Recuerdo una vez, hablando con una señora, directora de un museo extranjero, me comentaba su amor por la obra de Lorca. Yo le respondí que sí, que Lorca era un buen poeta, pero que no era mi poeta. Seguimos hablando de poesía y se refirió a Miguel Hernández como su otro gran referente de la poesía española. Y, bueno, admití que le había leído mucho de joven, pero que, para mí, la poesía era otra cosa. Luego, cómo no, pasamos a hablar de los toros y le dije que yo apenas sabía nada de tauromaquia. A todo esto, ella, con educación, pero contrariada, espetó: «¡Pero entonces usted qué clase de español es!». [Rompemos a reír los dos en este punto de la anécdota]. «¡Usted no es español!», concluyó la señora. De todo esto no se deduce una gran inteligencia de la señora, pero sí se deduce que fuera esperan de nosotros algo. Mi pintura me la han alabado poco fuera, me refiero en el contexto europeo, no latinoamericano. Tampoco la han elogiado demasiado en España, donde es verdad que gusta, pero no ha sido muy celebrada. Algún fallo debe de haber en el concepto total de mi pintura y en la manera en que se ha presentado, como para que la situación sea esta. Algo falta.

RH. Bueno…

JT. Que no me importa, no te vayas a creer.

RH. Lógico, a estas alturas.

JT.   Sí, algo falta. Es que me muevo en un terreno de equilibrio difícil entre Matisse (que es un artista que ha sido muy criticado en España) y el rigor de Mondrian. No sé si es un disparate esto que digo. Pero hay un camino, una vía, un terreno donde se instala este tipo de pintura. La pictoricidad, el concepto de lo plástico, en Matisse, y el rigor de un señor que tiene una manera de utilizar la pintura como reflexión, cómo método, en Mondrian.

RH.   ¿Y tú por qué crees que un artista como Matisse puede provocar cierta crítica?

Al hacer esta pregunta, Jordi se incorpora un poco, en un gesto que parece indicar que hay aquí una cuestión definitiva. Se ajusta un poco más la bufanda como para proteger sus posiciones matissianas frente al frío.

JT.   Creo que, fundamentalmente, porque aquí se han centrado en la época de las odaliscas, de África, de cuando va a Argel a pintar, que, efectivamente, es la peor época de Matisse; pero no se ha pensado en profundidad que Matisse también ha hecho *La danza*, que Matisse ha hecho *La fenêtre*. Y no se ha pensado suficientemente en el último Matisse, en cómo acaba, haciendo los *Cut-Outs*, que son una demostración ya de sabiduría y de conocimiento de dibujo y de color impresionantes. En el medio queda un Matisse un poco, según dicen, afrancesado. Colegas muy importantes me han manifestado claramente su ataque contra Matisse, cuando yo creo que si hubo alguien a quien Picasso le tuvo miedo y admiración (bueno, admiración no lo sé), pero seguro que miedo, fue a Matisse.

      Yo he visto mucho Matisse, en Francia, San Petersburgo… Y bueno, hay una serie de cuadros de una categoría, no solamente ya pictórica, sino de un contenido y profundidad inigualables. Se habla mucho de la fuerza de Picasso, pero en Matisse hay una elegancia más bien filosófica, diferente a la de Picasso, en donde hay más explosión, que también es fundamental. En este contexto, me parece que mi pintura no es tanto que no se entiende como que no se quiere entender.

RH.   Bueno, yo estoy convencido de que uno de los motores de la sociedad es la voluntad de ignorar. Se habla, a menudo, de sociedad de la información, del conocimiento, pero detrás de todo ello no me cabe duda de que opera una radical voluntad de ignorar, que vendría a ser una forma de selección de la exclusión a menudo impensada. Quizás es a lo que te refieres que ha sucedido a veces con tu pintura, que ha sido pasto de la voluntad de ignorar.

JT.   Exactamente. Existe la voluntad de ignorar, de ignorar lo que necesita un esfuerzo [asiente Jordi, mientras señala con la mirada una de sus obras colgada en la pared principal de su estudio]. Tú ves ese cuadro que hay ahí y exige un esfuerzo. Te tienes que preguntar: «Y este tío por qué pone esto aquí, por qué esa línea allí» y el resultado de este proceso es que te está interesando. No sé si te acuerdas de uno de mis cuadros que tiene unas curvas así [pregunta, mientras hace el gesto en zigzag con los brazos].

RH.   ¿Te refieres a uno de los últimos de la serie *La edad de las cosas*?

JT.   Ese. Bueno. Pues alguien me preguntó: «¿Por qué has puesto esas curvas así?». Y yo le contesté: «No lo sé. Si lo supiera, no las hubiera puesto». Esa es la conclusión. Si lo supiera, no las hubiera puesto. La mía es una pintura que al mismo tiempo va contra la pintura porque no aporta nada, nada más que lo pictórico. Es un poco como (no quisiera pecar de pedante, y si me oye Miguel Álvarez-Fernández, menos), digo que es un poco como cuando escuchas las bagatelas de Anton Webern y piensas que no está haciendo música, no está haciendo música, pero no haciendo música nos está diciendo que hay música, que la música existe, y la no-música son las bagatelas. Pues yo, a veces, me planteo las cosas así. Hacer un cuadro que sea honesto con lo que yo quiero hacer. Por ejemplo, cuando tomo la decisión por un color. Sucede que en muchas ocasiones no pongo el color que me gustaría a mí, pongo el color que necesita el cuadro, no el que yo quiera. O cuando estudio el lugar que debe ocupar una forma, si debe ir más hacia la derecha o más hacia la izquierda, depende de lo que dice mi ojo, de mi manera de entender el espacio, no de mi gusto. O cuando me pregunto: ¿Por qué el cuadrado acaba ahí y no llega hasta abajo? Todo eso no lo sé, me lo va diciendo el cuadro.

RH.   Se establece un diálogo entre iguales, entre el lienzo y el pintor, en el que, a menudo, quien dirige la acción es el propio cuadro, que te va dando indicaciones mudas de cómo debe surgir de tu mano.

En tu obra hay un carácter ascético. En tu obra no encontramos lo que a un pintor le gusta o agrada; el pintor es a la vez agente y paciente del proceso. Hay en tu forma de crear una pulsión ética de renuncia, no hay esa especie de narcisismo artístico, según el cual el autor se expresaría siempre a sí mismo, mediante decisiones atentas exclusivamente a su subjetividad. Tú dices: «Yo no pinto lo que yo quiero, sino lo que demanda el cuadro».

JT.   Así es.

RH.   Sin embargo, a la vez, tu obra parece muy medida, controlada y racional, de una austeridad que solo se puede superar a través de cierta prolongación paciente en su contemplación, porque la parte intuitiva e irracional no se aprecia a primera vista.

JT.   Efectivamente. Por ejemplo, yo nunca mido. Una vez que elaboro el esbozo a lápiz, extraigo las medidas en el ordenador, pero para comprar el bastidor adecuado. Una vez me pongo ante el lienzo, no mido en absoluto, y es el cuadro el que me va diciendo dónde debo colocar la franja esa y por qué pasa por encima de la otra hasta generar una sensación espacial muy potente.

Pero esto es igual en todo. Al crear un poema, las palabras no advienen de acuerdo con el caprichito del poeta para que hagan juego o para que rimen, sino con la demanda que va generando, la brecha que va generando el poema. Y el poema se va generando como un surco a medida que tú avanzas. Te equivocas a veces, por supuesto, renuncias, no haces tonterías, no haces coqueterías con el poema. Y esto es la construcción de la posible cercanía de aquello que podemos entender como «creación».

Aquí se produce un breve silencio, como si el pintor hubiera sido atravesado por una fugaz soledad que se le escapa en la frase siguiente.

JT.   Estoy un poco cansado para profundizar más en esto. He estado leyendo mucho a lo largo de estos últimos meses a Rilke. Lo había leído muy mal de joven y he vuelto ahora a él.

Lo inefable, lo indecible, lo no-dicho. Rilke no es más que la búsqueda de lo no-dicho. Yo aspiro a esa especie de realidad, que no se puede reconocer, pero que hace que lo que es sea. Todo esto me lleva a la cuestión del «miedo al ángel». Porque sabiendo que el ángel existe, ya nosotros no somos nada. Tenemos la desgracia de saber que el ángel llega a un sitio y que existe lo que existe. La búsqueda de la pintura posee siempre, *a priori*, una voluntad (no sé si con fe) de hallar al ángel. Al menos mi pintura aspira al encuentro con el ángel. Aunque estamos abocados al fracaso.

El arte como tal no existe. Nosotros nos acercamos a él de distintas maneras. En la medida en que eres capaz de reconocer que hay una posibilidad de arte, creativa, desde esa medida estás acertando con el cuadro. La satisfacción es reconocer que el cuadro ha ganado, no yo. Que el cuadro ha resultado ser, no lo que yo quería que fuera, sino lo que el cuadro ha querido que fuera. Para conseguir esto se necesita mucha renuncia, mucha humildad y cierta inteligencia para saber decir: «No sé quién me ha conducido hasta aquí, pero yo sé que esto es lo que quería». En cierto modo, ya sabía, antes de terminar el cuadro, que era eso lo que quería, pero aún no lo podía ver. Y, poco a poco, quitando y tal vez añadiendo algún elemento, aparecen los esbozos, incluso en sentido técnico, y te vas dando cuenta de que te conduces hacia aquello que tú en principio pensaste que debía ser el cuadro, y que se confirma esa fe que tuviste en tu creación.

Jordi se reclina en su asiento, con una mezcla de cansancio y humildad en su rostro, y concluye con un tono ahora dubitativo:

JT.   Bueno, no sé si está bien explicado esto o no.

RH.   Sí, claro, lo está, en la medida en que se puede explicar o necesita ser explicado. Rilke también fue decisivo en mi juventud. Leerlo fue determinante para decidirme por la filosofía. Pensé que a través de la filosofía podría llegar a cierto desvelamiento. Hoy tengo la certeza, como tú, de que lo leí muy mal. Si lo hubiera leído bien, jamás habría puesto la más mínima esperanza en un programa de estudios filosóficos. No obstante, jamás subsanaría este error, fecundo error en mi carrera intelectual.

Me gustaría retomar ese punto del quitar elementos, de desbrozar el cuadro, en lo que se puede llamar como el carácter ascético y negativo de tu modo de crear. Tú tienes fe en que el cuadro va a salir, o voluntad, como lo quieras llamar. Sabes el cuadro que va a salir y te sometes a las leyes del cuadro en la medida en que el cuadro vaya apareciendo. Entonces, en buena parte, tu labor es la de construir quitando, abrir el espacio para que la pintura acuda. Es por ello por lo que el final de la pintura, si es que alguna vez un cuadro está terminado... el final de la pintura es un acontecimiento. Mas, en la medida en que ningún cuadro es definitivo ni está del todo acabado, cada pintura es la presencia de un acontecer. En todo este proceso de abrirse al cuadro, de construir eliminando, de desbroce, lo primero que eliminas es la subjetividad en el sentido más narcisista.

JT.   Sí. Absolutamente. Incluso la destreza del pintor queda fuera para evitar la huella. Tú quieres que no sea un ente ficticio, sino que el cuadro se convierta de verdad en un ente. La subjetividad en este proceso traicionaría al cuadro, incluso te estaría traicionando a ti mismo.

RH.   Como pintor tú aspiras a dejar ser al cuadro.

JT.   Es la esencia. El cuadro *es* cuando desaparece el artista, porque tiene una entidad propia. No hace falta ponerse a hablar en términos heideggerianos, pero intuitivamente, mi acción pictórica es así.

RH.   En tus cuadros jamás se encuentra nada parecido a un autorretrato, en el sentido más amplio de la palabra, es decir, nunca hay referencias siquiera simbólicas a la personalidad del autor. Sin embargo, todos tienen un aire, un clima, como si hubieran sido secretamente hollados por algo que los traspasa sin dejarse ver. Existe la huella en tus cuadros, pero no la huella de una subjetividad que se expresa, sino la huella del alguien que acompaña la obra.

JT.   Sin embargo, hay aspectos de mi labor donde sí que dejo huella.

RH.   En efecto. En otras obras tuyas, para mí magníficas, como tus cuadernos tachados, el *Diario Rayado*, la huella del hombre es la esencia de la obra misma. Pero es una huella paradójica, porque esa huella que se muestra en la tachadura es la manifestación imposible de una negación, precisamente, la negación de sí, la negación de dejar la huella, que sería lo escrito en

el diario, pero que ya queda inaccesible porque queda clausu-
rada por la otra huella, la de la tachadura, que corta el acceso
a la huella inicial, la del significado lingüístico, pero deja
abierto el acceso a la otra huella, precisamente la huella que
niega la huella, que sería la tachadura, la huella que oculta la
posibilidad de acceder al lenguaje. Este tipo de elementos son
los que me producen una especial familiaridad con tu obra.
De entre todos mis libros, yo tiraría al fuego todos excepto
uno, *Ser perseguido*[1]. Pues bien, este libro es, en realidad, una
reflexión sobre el lenguaje, el ángel y la fatalidad de todo poder. Uno encuentra en la obra de otros motivos para sentir
cierta seguridad sobre la propia. Yo encuentro cierto herma-
namiento con poetas, como Cernuda, pintores tan diferentes
como Millares y en tus cuadernos tachados y tus últimos cuadros. Tú, a estas alturas, no necesitas mirar a otros para comprender el acierto o el error en tu propio trabajo.

JT.   Últimamente estoy muy conforme con los cuadros que hago,
       si no, no los pinto.

RH.   Pero tú has destruido muchas de tus obras.

JT.   Y más voy a destruir.

RH.   ¿Más vas a destruir? ¿De tu última etapa?

JT.   No. De otros años.

Siento alivio. Se produce una pausa. Entonces Jordi lleva las manos
hacia sus piernas y se frota las rodillas, con un pequeño balanceo, tra-
tando de encontrar las palabras justas para su pensamiento.

JT.   Tengo la sensación…, no sé, en estos momentos en los que
       estoy un poco con cierta preocupación por la salud… Creo
       que se está acabando algo. Creo que se está acabando algo en
       el arte, pero empiezo a sospechar que también se está acaban-
       do algo en mí. Espero que no sea físico. Creo que se está aca-
       bando la posibilidad de llegar a una exactitud, a una precisión.
       Primero porque no soy tan soberbio ni tan creído como para

---

[1] Rafael HERRERA GUILLÉN, *Ser perseguido. Resistencia al poder en Maimónides.*
Prólogo de Hans Ulrich Gumbrecht, Tecnos, Madrid, 2021.

pensar que yo puedo llegar a una precisión, pero segundo, porque el arte no merece esa precisión. Volviendo a Rilke: «¿Quién, si yo gritara...?». Hoy estoy en este tipo de reflexión. Tengo tres o cuatro cuadros pensados. Pienso que estoy pintando ya los últimos cuadros de mi vida. Físicamente podré vivir más o no, pero artísticamente, sé que ya no voy a pintar diez maravillosos cuadros, creo yo. Este cuadro [señala un cuadro colgado en el que está trabajando] nace con la conciencia de que ya estoy muy mayor, de que tengo que ir cerrando. No es el tipo de cuadro que yo hubiera hecho hace solamente tres años. Ya veremos cuando esté terminado si me gusta o no.

Estoy leyendo mucha poesía y me doy cuenta de que la pintura tiene muchos inconvenientes. La pintura yo creo que es la más torpe de las artes. La más acertada y la que más se acerca a aquello que considero que es el arte es la música, la poesía también. El lenguaje de la poesía es tan abierto, mucho más abierto que el de la pintura. Incluso la arquitectura es más abierta a veces que la pintura, en la medida en que dispone de algo de lo que carece la pintura: el tiempo, la ausencia de tiempo en la pintura es un hándicap para asociarse a... no sé, le estoy dando vueltas a esto.

RH.   Pues fíjate, yo estoy en otro momento de mi vida intelectual convergente con lo que dices. Después de tanto tiempo relacionándome con el lenguaje escrito, he llegado a la conclusión de que, precisamente, la pintura (también la música), pero, sobre todo la pintura llega a lo no dicho o, por retomar la metáfora rilkeana, para convocar al ángel y su misterio.

Como pensador reconozco haber caído en una enfermiza saturación de la palabra, en una especie de rencor hacia el lenguaje escrito que identifico como portador de solo violencia, sangre y amenaza. Escribir es de algún modo siempre firmar sentencias, amenazas. Escribir al cabo deviene legitimar la violencia, primero contra todo lenguaje y después, siempre, contra el ser humano. El viejo Platón, ya sabes, nos avisó de esto en la Carta VII, pero parece difícil escucharle. Yo desde luego, aunque lo escuché, no pude hacerle caso, si quería sobrevivir en el mundo académico. La paradoja de todo esto es que uno de los modos de esquivar la violencia del lenguaje escrito es entrando en determinados otros lenguajes escritos, como Juan de la Cruz o Rilke, entre otros. Existen para mí otros modos también, ya no paradójicos, de salvarse de la escritura, y es abandonándola en favor de la pintura, en el lenguaje no escrito del color, la línea, la forma sobre una superficie. Por eso me extraña cuando dices que la pintura es las más torpe de las artes, porque yo la considero, precisamente, como la gran salida de la encrucijada del lenguaje escrito de la filosofía, en tanto escritura de la violencia. El viejo Platón lo dice: «Solamente un loco expresaría lo que piensa a través de la escritura». Es decir, está diciendo que, en el fondo, toda su obra escrita no valía de nada, porque la verdad se expresa en el lenguaje oral, sin violencia, que instaura toda amistad. La verdad escrita es ya una verdad violentada. La verdad, sea lo que sea, se manifiesta en un lenguaje que ha de ser siempre vivo, siempre vida. La verdad no cabe en ese fantoche que imita la palabra que es toda escritura. La escritura es la fijación mortuoria de la verdad y, por tanto, la claudicación de toda verdad. Me gustaría pensar que cierta poesía y la pintura son capaces de abrirse a la verdad sin violencia. Perdona que me extienda tanto, pero me toca muy hondo lo que has dicho.

JT.   A mí, sin embargo, la filosofía me ha satisfecho mucho a lo largo de estos últimos años. Y en algunos momentos he pensado que, si ahora fuera joven y empezase, tal vez me dedicaría a la filosofía. Y he llegado a momentos de lecturas filosóficas tan magníficos como ver un Vermeer, un Rothko o un Pollock. Me ha producido una gran satisfacción interna. Aunque yo no soy capaz de escribir. Todo esto que te digo no lo sé escribir. De hecho, este cuadro [señala el último sin terminar] es esta reflexión filosófica. Es una reflexión filosófica plasmada, no descrita.

Hay algo que se nos escapa, al menos a mí se me escapa. Me refiero a saber dónde está el equilibrio para que la pintura se convierta en arte. Por supuesto que se puede hacer a través de múltiples manifestaciones. Hay paisajes que son arte, hay bodegones que son arte, pero da igual. El bodegón es arte por lo mismo que el paisaje lo es. Hay una conexión. La conexión, por ejemplo, entre los nenúfares de Monet y los cuadrados de Mondrian. No estoy haciendo una analogía. Son muy diferentes, pero tienen algo que los conecta y que llamamos arte.

Yo pongo a veces, en conferencias, algún ejemplo muy disparatado, que me parece que nunca se ha entendido. Comparo

una de las batallas de Paolo Uccello con los *Postes azules* de
Pollock.

La estructura es exactamente la misma en ambos. Estoy
seguro de que Uccello no era consciente, pero el arte sí era
consciente de que ese cuadro estaba generando una situación
espacial de confrontación de colores que es lo mismo que
quería hacer Pollock. Ambas expresan implícitamente el mismo contenido plástico. Tal vez es un disparate lo que estoy
diciendo.

RH.   No lo creo. De hecho, me parece el hallazgo propio de un ojo
de pintor.

En este punto de la conversación, deseo guiar nuestra atención hacia
la obra que está realizando. Cuelga paciente sobre la pared, inacabada,
discreta como una joven a medio vestir que se prepara dubitativa para
salir al mundo. Es una obra diferente a todo lo que ha hecho antes. Hay
algo en ella que me inquieta en su aparente ordenación y equilibrio. Al
mirarla ahora, desde aquí, tras estos minutos de conversación, veo en la
pintura la convocación del *Ángel de Rilke*, un ángel alejado del coro,
solitario, ausente, alejado de la armonía silenciosa del canto, un ángel
que se aleja y cae hacia el silencio. Sé que algunos de sus cuadros tienen
secretamente título, un título que solo sabe él y que, a veces, en conversaciones, rebela.

RH.   ¿Y esta obra tiene título?

JT.   Todavía no lo he pensado. Creo que te dije que los dos anteriores tenían el título (para mí, ya sabes) de *Suicidio* y *Esquela*.

RH.   Sí, me lo dijiste.

JT.   Ya sabes que no pongo estos títulos en las fichas de las obras ni
nada. Entonces creo que por ahí irá el título de este cuadro.
Además, como ahora tengo sensación de que tal vez tenga alguna dolencia o alguna enfermedad, pues imagino… En fin.

La fatiga se cruza entonces en el camino de la conversación. Jordi
detiene su voz, pero no puede detener la inercia de su silencio, que se
disipa con la zozobra de quien ha abierto una puerta por primera vez y
sueña con tener toda la eternidad para decidir si entra o no, aunque sabe
que tiene detrás el feroz rugido de la inminencia. Y dice:

JT.   Me cansa el pensar y, además, como no duermo…

RH.   Yo tampoco duermo mucho.

JT.   Mientras estoy en vela se me ocurren muchas cosas que luego, joder, se me han olvidado, no sé cómo hacerlo, no sé cómo recobrarlas.

RH.   A mí también me pasa. Pero al final terminan volviendo y si no vuelven, mejor para el silencio.

JT.   Me gustaría, ya en términos plásticos, hacer esos dos cuadros, de 250 cm [y señala dos grandes bastidores sin tela], pero no sé si físicamente tengo fuerza para poder hacerlos. Me gustaría hacer esos dos cuadros casi como despedida.

Los bastidores nos miran con la dureza de una promesa que se debiera cumplir en ellos. Los bastidores, desnudos, nos miran como si estuvieran esperando a que la nada que enmarcan fuera cubierta por un lienzo sobre el que se proclamara el adiós de un hombre, de un pintor.

Atraídos por su mirada cuadrada y vacía nos levantamos, como si obedeciéramos la voz promisoria de un imposible, del cuadro inalcanzable, ese que el pintor es capaz de pintar en su imaginación sobre el hueco de dos bastidores sin lienzo. Y este vacío, este no llegar a ser, si el destino quisiera que Teixidor no cumpliera su voluntad de pintar esa despedida, sin embargo, ya la habría cumplido en este instante en que otro hombre ha visto en sus ojos el trazo de un sueño definitivo, testigo de una deuda. En pie ya, caminando por su estudio, continuamos la conversación, y algo en mi interior me dice que esos dos bastidores sin lienzo son ya una obra en sí mismos, son dos cuadros acabados, perfectos, imposibles, pura latencia. Al darme cuenta de esta evidencia, regreso a las palabras de Jordi. Pasamos entonces a sus cuadernos, en donde me enseña los bocetos que tiene previstos para esos dos cuadros.

JT.   Ya tengo proyectos sobre esos cuadros. Ahí está la posibilidad de que haga… Son tamaños considerables. Quiero decir que hice los bocetos pensando en que los podría hacer.

De repente, Jordi vuelve a retomar el tema sobre la recepción de su obra.

JT.   Yo creo que uno de los defectos de mi pintura, y creo que eso ha influido en el no reconocimiento, es que mis cuadros son demasiado pequeños siempre.

RH.   También tienes obra grande.

JT.   Sí, pero son pequeños. Muchos cuadros los pinto reprimiéndome el deseo de hacerlos muchos mayores. Pero si aquí funcionaran las cosas y el Museo Reina Sofía, que no me ha comprado nada desde el año 1990, estuviera interesado, pues este cuadro de 200 x 200 es para un museo, no se lo va a comprar uno para su casa, salvo raras excepciones.

RH.   No hay suficiente apoyo al arte español. La Administración apenas invierte en arte español, no hacen caso.

JT.   Se están cargando todo, en Valencia ya has visto estos lo que están haciendo. Bueno, ¿qué hora es?

RH.   Es la una menos cuarto. Lo dejamos ya si quieres.

Ambos asentimos y nos preparamos para salir. Sin embargo, la inercia de la conversación continúa y decido que la grabadora tiene que seguir grabando nuestras palabras.

JT.   ¿Tú que vas a hacer?

RH.   Yo me voy a casa.

JT.   Por cierto, que el día 14 en Conde Duque hay un encuentro en torno a la película, tú sabes…, que ha organizado Ángel Calvo Ulloa.

RH.   Ah, sí, *Jordi Teixidor. Retrospectiva*[2]. Me gustó mucho, sobre todo ese desafío de escuchar hablar a un pintor sin que aparezca en ningún momento ninguna de sus obras.
        Qué te iba a decir, Jordi, que no te he preguntado. ¿Solo vas a ARCO?

JT.   Sí, la galería solo va a ARCO.

---

[2] Dirigida por Miguel ÁLVAREZ-FERNÁNDEZ, Bruno DOZZA y Álvaro OLIVEROS.

RH.   ¿Trabajas solo con esta galería?

JT.   Hoy sí. En el pasado trabajé también con otras con las que me identifiqué muy bien, como, por ejemplo. Machón, que sabía de pintura, disfrutaba de la pintura.

RH.   ¿Ha cambiado mucho el perfil del galerista en España?

JT.   Hoy tienen la mirada más puesta fuera que dentro. Es normal porque España es un mercado muy pequeño. El otro día leí a no sé quién del gremio que hoy en día no se puede ser artista si no se sabe inglés. ¡Pues bueno! ¡Pues muy bien! ¡Ojo! Yo sé lo que quieren decir, el mercado es el mercado. Y el mercantilismo. Ser un gran galerista no es siempre lo mismo que ser un gran comerciante. Yo creo que el galerista debe ser buen comerciante, pero lo ideal sería que, además, supiera de arte en tanto arte, que amara el arte. Hoy de esto hay menos, no es el perfil habitual, aunque claro que hay galeristas que saben y aman el arte como arte, no como mero producto.

Recuerdo a gente como Juana de Aizpuru, Machón que te decía antes. Esta gente tenía su ojo, les gustaba el arte y, además, sabían vender. O cuando era más joven, Juana Mordó tenía una gran visión. ¡Esta sí que era cosmopolita! Entendía cómo vender el arte de aquí fuera. Tal vez no entendía mucho de arte, pero sí sentía un respeto y un saber venderlo fuera, cómo dar un sentido de modernidad constante a la galería, ese saber lanzar a sus artistas que tienen los americanos o los alemanes, Juana Mordó lo tenía. Aquí esto no se ha conseguido muy a menudo. Es muy difícil lograrlo porque si una galería quiere vender en el extranjero, tiene que invertir dinero, gastar dinero en llevar la obra y al artista fuera, para darlo a conocer. No basta con ir a la feria y poner un cuadro. Vijande, por ejemplo, apostaba así. Te decía, por ejemplo: «¿Tú qué necesitas? Tú pinta y no te preocupes de más. Lo demás ya lo hace la galería». Es decir, protegía al artista. Ahora lo que hacen, en general, es protegerse ellos, lo cual me parece bien, es normal, pero se debe proteger también al artista, digo yo.

Suena el tintín de las llaves. Estamos ya abandonando su estudio. Salimos. Jordi cierra y la puerta emite un quejido de latón. Enfilamos el camino del callejón donde se esconde la guarida del artista. El barrio nos recibe con su grisalla mórbida e indiferente de automóviles, ruido y rutinas de ir a comprar el pan. El día ya no es plomizo. Se ha puesto brilloso el tiempo, carabancheliano. La calleja se nos abre y se percibe ya el tremor de Plaza Elíptica. Pero tenemos ambos la lengua en el estudio, seguimos hablando a despecho del paisaje de barrio, como si aún estuviéramos guarecidos del horario del mundo.

JT.   Yo cuando veo, no sé, algunos artistas que hacen esa cosa comercial, como de anuncios, qué se yo… Pero, bueno, por otro lado, el artista, históricamente, siempre ha estado al servicio de algún poder. Imagínate en la Corte, la de cosas que tenían que hacer, y pintar a la señora, al señor y a sus niños.

RH.   Lo que pasa es que en España no hay una política continuada de apoyo dentro y hacia el exterior del arte. Y la paradoja, o peor aún, lo sangrante es que el mayor éxito de política artística de cara al exterior lo logró el franquismo, cuando se sirven de El Paso.

JT.   No fue Franco, claro, fue González Robles…

RH.   Sí, claro, Franco no entendía nada de lo que pasaba, pero le venía bien lo que pasaba con esos artistas.

JT.   Claro, claro, a Franco no le asustaba que unos señores pintaran en negro monigotes, que era lo que él veía… Y González Robles los llevó a la Bienal a todos.

RH.   Es una desgracia que la democracia aún no haya logrado un éxito semejante, a pesar de los grandes artistas que continúa teniendo hoy España, que no se haya conseguido hacer una marca «España» democrática a través del arte. El mayor éxito del arte español en el extranjero lo consiguió el gobierno de un dictador que no se enteró, afortunadamente, de qué iba la cosa.

Paramos en un barecito a tomar una caña y un pinchito de algo, antes de dirigirnos a Plaza Elíptica a por nuestro taxi. Bajamos en Bilbao y nos despedimos.

2 DE ABRIL DE 2024

Hemos quedado a las 13.00 en El Comercial. Llego un poco antes, unos diez minutos. El hormigueo mundano de siempre en la Glorieta de Bilbao, que como es glorieta, no puede ser plaza y, por tanto, se embosca de coches, ruidos y gentes que esquivan el día. Pasan los minutos y las gentes. Jordi no viene. Agudizó la mirada para perfilar su figura entre quienes ascienden por Manuela Malasaña. Ninguno calza New Balance negras, ni viste jersey oscuro sobre camisa *denim* y pantalón de talle recto y monócromo, ni mira desde gafas de pasta discretas y redondeadas. Me extraña la impuntualidad. Así que decido llamarle. Suena su voz. «¡Hola Rafael!». «¡Hola Jordi! ¿Qué tal estás?». «Estoy muy bien. En el metro, de camino a la Academia. ¿Y tú?». Un autobús, de repente, se acerca a la puerta de El Comercial, y abre estruendoso sus puertas para desalojar viajeros. No sé si he oído bien. «Yo estoy en El Comercial. Pensé que habíamos quedado…». «No me digas. A ver si me he despistado». Pasa un lapso, mientras revisa su agenda y me confirma: «Habíamos quedado mañana, a las 13.00. Hoy tenía reunión en la Academia».

Así que el despistado soy yo, nada extraño. No es la primera vez que voy al teatro un día después de la fecha que marcan mis entradas, causa de enojo de mi acompañante. Hoy, por suerte, el único damnificado a causa de mis despistes soy yo. «¡Ay, qué desastre! Disculpa, Jordi. No sé dónde tengo la cabeza». «No pasa nada. Hasta mañana, Rafael».

De modo que estoy en El Comercial, apoyado en una pared con el mediodía recién estrenado. Madrid está precioso e inevitable, no me puedo zafar de su luz, así que me tomo el día libre y me encamino al Prado. Hace tiempo que no veo a Francisco Lezcano y me apetece pasar la siesta con Argos. Por la tarde escribo un artículo para el periódico sobre esta visita al Prado. Mañana, sí, me veré con Jordi a las 13.00.

3 DE ABRIL DE 2024

Hemos quedado a las 13.00, en El Comercial. Llego un poco antes. Estoy hablando al teléfono con un amigo de la Facultad, su padre, que le van a operar. Veo a Jordi acercarse. A medida que se aproxima, le noto algo cansado, como si le costara andar. Me despido de mi interlocutor al teléfono. Nos encontramos. Me dice que está bien, pero que anda de médicos, que no sabe por qué últimamente le cuesta caminar. A mí, sin embargo, me admira su fortaleza. Me parece un hombre joven algo herido por los años, pero joven. Finalmente, no entramos al Comercial. Están ya dando comidas y nos apetece tomarnos algo antes. Así que nos vamos a un bar de por allí.

JT.   Lo de Cuenca será el 13 de junio, en el Museo de Arte Abstracto, se expondrá mi obra en papel.

RH.   ¿Gráfica también?

JT.   No. Solo papel, dibujo.

RH.   ¿Y se va a exponer aquel mítico, gigante?

JT.   No, ese no.

RH.   ¡Ay, qué pena! Nunca lo he visto en realidad. Me habría encantado verlo.

JT.   Ese no porque ya se expuso en Valencia. Es enorme, tiene más de cinco metros. A ver si me lo quito de encima, no sé qué hacer con él.

Nos traen las cervezas. La espuma se mantiene densa, promisoria.

RH.   Pues vamos a brindar por tu exposición.

Alzamos las copas, la cerveza baila, brindamos y bebemos. Deliciosa la Cinco Estrellas.

JT.   Gracias. Este año tengo mucho lío, entre exposiciones, médicos, lo de la inundación del estudio. Luego tengo lo de mi mujer.

RH.   ¿Cómo está Anne de la cadera?

JT.   Bien, Anne va bien, mucho mejor. Yo soy muy malo como enfermo. Muy malo, muy malo. Total. Como sabes, estoy con un cuadro. Noto que los últimos meses, que este año tengo una apreciación y una capacidad intelectual mucho más determinante y mucho más precisa que antes. He estado insistiendo todo este tiempo…

Interrumpe el camarero, que pregunta: «¿Han pedido unos pinchitos de tortilla, verdad?». Ambos le miramos con cierto susto, como si fuera una aparición fortuita. Y antes de que terminemos de asentir a su pregunta, el camarero deja sendos platos con el castizo manjar sobre la mesa, a una velocidad inesperada en una presencia fantasmática como esta. Ya con las provisiones garantizadas, regresamos a la conversación.

JT.   He estado insistiendo todo este tiempo en relecturas. De joven se leen tantas cosas mal…

RH.   Sí, pero esas cosas son las que más nos determinan. La lectura de *La persuasión y la retórica* de Michelstaedter en mi juventud ha marcado toda mi vida, por ejemplo. Y es cierto que probablemente debí de leerlo muy mal, porque sigo aquí.

JT.   Si lo lees ahora lo verás de otro modo. Yo estoy insistiendo en lecturas que hice de joven. Sigo leyendo mucho a Rilke, especialmente las *Elegías*. No solamente las leo; también profundizo en los estudios sobre su poesía, como, por ejemplo, el ensayo de Amador Vega *La novena elegía. Lo decible y lo indecible en Rilke* y otros. Y muchas conexiones de sus poemas entiendo que pueden tener cierta correspondencia con mi pensamiento sobre la pintura. Que, por otro lado, cada vez menos me preocupa la pintura, sino que me preocupa más lo que genera la pintura, la reflexión que me genera la pintura, que me lleva a analizar no solo la pintura, sino analizar la música y otro tipo de manifestaciones. Y estoy dándome cuenta de que la pintura es, en cierto modo, yo diría que la más pobre de las artes porque los recursos que tiene la pintura están muy constreñidos. La música dispone de todas las facultades de las que carecen las demás artes: el tiempo y el espacio. La escultura, pues también, si le añades el concepto de entorno. Pero la pintura se queda ahí, en ese plano, que se ha intentado romper mil veces, pero su lenguaje, al final, siempre queda un poco demasiado constreñido. Del mismo modo que le ocurre a la poesía cuando solo se ocupa de lo literario, cuando la poesía se cree que solamente es literatura, que solamente son letras. A la pintura también le pasa algo parecido cuando se cree que es color. ¡Abajo el color! El color es el vicio de la pintura, en el que hemos caído muchos. Pero el color nos separa de la pintura. Las grandes obras de arte poco color tienen. Velázquez no tiene color. Rembrandt yo creo que tampoco tiene color.

RH.   Y el mejor Goya tampoco. Ramón Gaya también pensaba que Velázquez no tiene color. Recuerdo, por cierto, que asistí en los 90 al nombramiento de Gaya como Decano honorífico de la Facultad de Filosofía de Murcia. El murciano, sin embargo, reservaba a Velázquez esta sublimidad de la ausencia de color. No estaría de acuerdo con nosotros en recibir en el club de los pintores sin color a Rembrandt y a Goya. Para Galla es un club unipersonal, solo compuesto por la membresía del genio sevillano. Velázquez no fue pájaro solitario, como dice el título del ensayo de Gaya, fue único, pero no solitario. En esto de ser únicos están, para mí, la trinidad Velázquez, Rembrandt y Goya. La sublimidad de la ausencia de color se correspondería con la ausencia de palabra en la poesía o en la filosofía. Yo empiezo a estudiar filosofía precisamente porque me vence este sueño de comunicación pura.

JT.   Así es. Estoy dándole vueltas a esto porque duermo muy mal. Entonces me levanto y me voy a la butaca y la cabeza empieza a girar.

RH.   Sin embargo, la pintura tiene algo que no tienen las otras artes, me parece, no sé. La pintura tiene la capacidad de sugerir silencio. La música menos, porque tiene que hacer evidente la ausencia de sonido para hacer aparecer el silencio o bien ponerlo como fondo inaudible del sonido. Por el contrario, la pintura puede hacer aparecer el silencio como presencia, no como ausencia ostensible. Mi hartazgo con la filosofía procede precisamente de esto. De que la mejor filosofía, que nos promete el silencio e incluso la revelación de lo inefable, al final siempre nos decepciona como filosofía. Platón y Carlo Michelstaedter lo vivieron, uno desde la sabiduría del viejo y el otro, desde la pasión mortal del joven. Aunque lo advirtieron y no los sabemos escuchar. Después de años dedicado a la filosofía, terminé por sentir cierta decepción, no sé cómo explicarlo, pero creo que esa decepción filosófica fue lo que me condujo a la pintura y a entenderme con ciertos pintores, de los que aprendo mucho más que en un congreso académico.

JT.   Esto que dices de la música y la pintura... También he pensado que recordar la música es mucho más difícil que recordar la pintura. La pintura la podemos llevar en la mente porque las referencias al color, a la forma, a los ángulos… son constantes, mientras que la música es muy difícil tenerla presente, a no ser que seas un profesional.

RH.   Por eso te decía que yo estoy como en un momento quizás contrario al tuyo, pero convergente. Yo estoy en ese momento en que pienso que una de las artes que más sugiere, de las más puras y más ricas es justamente la pintura y algunos pintores. La capacidad de sugerir silencio, el poder de no estar de la pintura, de no ser pintura es algo que se encuentra en alguna poesía, y dudo que en la escritura filosófica. Desde luego, estas cuestión del plus inefable del arte no se resuelve como intentó Danto, que al final, para intentar superar la inefabilidad del arte, nos invita a dar un salto mortal kierkegaardiano hacia el absurdo, hacia la fe, cuando define el arte como significado encarnado, del mismo modo en que la Iglesia fuerza al creyente a admitir que Jesucristo es el pan, es decir, a ir contra la evidencia empírica a base de sublimaciones como la de la transustanciación. Para este viaje no hacían falta alforjas. Creo que cierta pintura y cierta poesía comparten una cierta forma de comunicación y expresividad. También hay Rilke en pintura, por así decir. Quizás hoy este tipo de cuestiones sobre la pintura ya no importan, no sé.

JT.   Ese es un tipo de pintura muy poco española.

RH.   Sí, poco española, en el sentido de que no es dramática ni pasional, que es lo que el tópico le exige a la pintura española. Creo que hay algo que tiene la pintura, o esta pintura a la que me quiero referir, que otras artes no pueden dar, y me refiero a la forma, a la tendencia a la forma, a la presencia, al límite y a la vez su propia anulación como límite. Su propio decir «soy un límite que en el fondo no es un límite», como en el caso de tus puertas, o como tus reflexiones pictóricas sobre *Porte-Fenêtre* de Matisse.

JT.   Sí, porque la pintura se supone que parte de la realidad. Si tú pintas un retrato, si tú pintas un paisaje, si pintas un cuadrado estás partiendo de una realidad, mientras que la poesía y la música no parten de una realidad. La música parte de un sonido, que puede ser totalmente novedoso porque no existía, y el poema utiliza las palabras de manera que no es lenguaje habitual.

RH.   Pero eso también lo haces tú en pintura. Hay muchas conexiones. Por ejemplo, con la música. Tú tienes obras inspiradas en Glenn Gould. Yo creo que hay pintores y pintura, como la tuya, que son poéticas en el sentido de que…

JT.   Eso también lo dice Genaro Talens.

RH.   Justamente.

JT.   Dice: «A Teixidor no es que le guste la poesía, sino que con su pintura hace poesía».

RH.   En efecto. Estoy totalmente de acuerdo. Es una poética discreta, exenta absolutamente de colorismo, hecha como de pausa, sin la agitación instrumental de tener que significar algo o simular que dice algo. Yo considero que tu obra parte de una poética de la presencia.

JT.   Eso me interesa a mí mucho.

RH.   Igual que el poeta rompe la sintaxis, va más allá del significado y es capaz de crear belleza, cierta pintura lo que hace es coger los elementos potencialmente significantes de la pintura como el color, la línea, la composición, la perspectiva, la figura y darle cuatro vueltas y no ser ni color ni línea ni composición ni perspectiva ni figura, sino una especie de muro que te dice: «Enfréntate a mí, si quieres». Tu pintura es eso para mí.

JT.   Una de las grandes equivocaciones de ciertos pintores figurativos es que creen que, siendo fieles a la realidad, están generando una nueva lectura, pero se equivocan. Hay ciertos cuadros muy bien ejecutados que no dicen nada, al menos a mí me aburren, no veo nada. Creo que soy (y yo creo que esto no lo he dicho nunca), que soy uno de los pocos pintores que se mueve dentro de estos parámetros que hablábamos tú y yo antes. Esto hace que mi pintura no sea el tipo de pintura en la que más se ha fijado el público, los críticos y el coleccionismo, por lo menos en España.

RH.   Pues peor para España, aunque también lo paga el pintor, claro. Esto ha ocurrido muchas veces, incluso con pintores reales cuando se salían del gusto de la Corte. A mí tu obra me recuerda en algunos momentos, desde mi trayectoria en filosofía y pintura, la experiencia visual que se tiene ante la obra de Reinhardt. La vivencia de estar ante algo que te está retando sin violencia, que se te enfrenta con una honda mesura, que no es evidente por sí mismo, algo que tiene un orden oculto que el ojo del alma busca para incardinarse en él. Es como un buen poema, tiene un orden que intuyes, pero no tienes ni idea ni es reproducible ni puedes decir por qué es así, pero hay incluso una sintaxis otra.

JT.   Eso es cierto, porque yo muchas veces dejo de poner algo en el cuadro justo porque tiene un valor estético y formal evidente; y no lo pongo como cuando evitas poner una palabra que puede ser bella o sonora, pero no aporta nada al poema. No enriquece el poema por bella o sonora que sea esa palabra si no encaja con el armazón indescifrable de la obra. Entonces yo muchas cosas, muchos elementos visuales atractivos, no los pongo, a pesar de que podría ponerlos porque sé ponerlos, pero no los pongo porque tergiversan el valor hacia donde quiero que se conduzca la obra. Uno de mis grandes problemas y luchas ha sido superar ese sentido estético, ese valor estético. Influenciado tal vez por mis primeros años, en los que conviví con la escuela del grupo de Cuenca, que eran pintores exquisitos y tuve que ser muy prudente con la utilización de ese tipo de lenguaje.

RH.   Si algo no tiene tu obra, en ninguna de tus épocas, es ma-
       nierismo.
            Ahora que hablas de la escuela de Cuenca. Tú eras un cha-
       val cuando llegas allí. Tenías unos veinticuatro años. ¿Cómo
       fue aquello? ¿Cómo les recuerdas a nivel personal a Zóbel, Mi-
       llares?...

JT.   Yo los conocí la primera semana de música religiosa de Cuen-
       ca, hacia el año 1961 o 1962.

RH.   Tú venías de Valencia...

JT.   Fuimos Yturralde, Ignacio Fuster (por entonces pintor y ahora
       poeta) y yo a Cuenca. Venían las vacaciones de Semana Santa
       y dijimos: «Vamos a Cuenca».

JT.   Tú ya eras abstracto para entonces, claro.

RH.   Sí, sí, sí. Fui no-abstracto en la escuela, pero el resto del tiem-
       po era ya abstracto, por supuesto. Así que imagínate allí, al
       llegar a Cuenca. De repente conocer a Saura, a Torner, un
       poco más tarde a Zóbel. Y cuando estaban montando el mu-
       seo, Zóbel quería unos chicos jóvenes, que no fueran bedeles,
       y nos contrataron a nosotros para hacer labores de todo tipo y
       aprender. A mí me impresionó mucho su conocimiento, su
       cosmopolitismo, su sabiduría, su nivel intelectual. Yo me pa-
       saba horas escuchándolos hablar allí, en el primer estudio que
       tenía Torner, que era todavía uno de los tres pisos. Y yo que
       venía de Valencia y de una escuela pueblerina, para mí escu-
       char a aquella gente fue fundamental. De modo que yo cada
       equis tiempo me cogía el primer Talgo y me iba a Cuenca a ver
       a Gustavo [Torner], me pasaba toda la tarde hablando con él y
       me volvía. Yo he aprendido mucho de ellos. Por ejemplo, ellos
       te hablaban de pintores americanos, cuando todos nos fijába-
       mos en Manet, Monet, Van Gogh…, o te hablaban de las
       acuarelas de Turner, de las acuarelas de Degas. Hablábamos
       de arquitectura, hablábamos de música. Yo recuerdo haber es-
       cuchado *Moment 1* de Karlheinz Stockhausen en casa de Gus-
       tavo. Yo tenía el disco, que me había traído de mi hermano de
       Nueva York. Y, por supuesto, John Cage y todo esto lo escu-
       chábamos.

RH. Entre ellos, Torner es quizás el que tenía una inquietud musical mayor, ¿no? De la pintura contemporánea española, me
parece a mí, Torner y tú compartís a veces un diálogo de la
pintura con la música.

JT. Yo tenía una idea, pero con ellos aprendía mucho. Por ejemplo, se metía en todo el mundo de Stravinski, no ya la *Consa-
gración de la primavera*, sino en los conciertos de cuerda. Pero,
sobre todo había pintura, aunque no solo.

RH. ¿Y respecto de los pintores españoles del momento?

JT. Se hacían unas valoraciones sobre lo que estaba produciéndo-
se en España, que era Tapies, que era Viola, Chillida, Oteiza...
Zóbel compró a Chillida la gran escultura que hay en Cuenca,
que fue, creo, la primera gran escultura que se compró en España. Y hablábamos de otros compañeros de la época como
podían ser Guinovart y otros catalanes.

RH. ¿Y sobre literatura?

JT. Bueno, recuerdo que en Cuenca comentábamos los *Cuatro
cuartetos* de Eliot. Hay una anécdota muy bonita que alguna
vez se ha contado. Gustavo Torner se encontró por casualidad
hacia el año 1948, nada menos que los *Cuatro cuartetos* de
Eliot en una imprenta de aquel Teruel de entonces. Una obra
fundamental en él. Hablábamos del Grupo El Paso. A mí todo
aquello me sirvió para darme una cultura europea. Zóbel venía un día de Londres y se había comprado un grabado de
Rembrandt, o venía de Nueva York y traía dos dibujos de Die-
benkorn. Eso, acompañado de que yo tenía familiares en el
extranjero que me traían folletos, catálogos, me hablaban de
las librerías, de los museos, de cómo se vivía fuera, y todo esto
me sirvió para darme una percepción del mundo. Esto fue el
núcleo que me arrancó de Valencia, aparte de que yo nunca
pude poner ventosas en Valencia.
Después vino un grupo de artistas y pensadores de estética
marxista que comenzó a dominar el panorama con intelectuales tan importantes como Valeriano Bozal o Simón Mar-
chán, y con artistas como el Equipo Crónica. Hubo al principio cierta distancia porque nos miraban como a una burguesía
sospechosa. Sin embargo, al menos en mi caso, nunca nega-

ron el valor de mi pintura ni su soporte intelectual. Debatíamos nuestras diferencias. Por ejemplo, Rafael Solbes me hablaba y defendía a Blas de Otero y yo defendía a Gil de Biedma y cosas así. Yo hacía una pintura que no tenía nada que ver con la perspectiva realista de crítica política que defendían ellos. Mi pintura era abstracta, podría tacharse de burguesa, desde una ideología estética marxista; sin embargo, yo social e ideológicamente era tan de izquierda como ellos. Estábamos en el mismo barco, pero de maneras distintas. De hecho, en el noveno congreso del Partido Comunista asistí como invitado.

En aquel contexto de pintura de denuncia resultaba difícil ubicarme. Mi educación había sido burguesa. Incluso en detalles mundanos, pero significativos. Yo me resistía a la moda de pana obrerista.

RH.   Vamos, el clasismo invertido de toda la vida.

JT.   Un día me dijo el profesor de la escuela de Bellas Artes: «Es que usted con las camisas planchadas que viene no puede ser artista». Y tenía que aguantar esas tonterías, verdad, tonterías de clasismo, o de represión contenida. Te comento todo esto, no como valor fundamental, sino para darte una idea del ambiente en el que yo me movía. Pero yo quizás era el único que había leído *Abstracción y naturaleza* de Worringuer en la escuela y que conocía a Wittgenstein, ¿entiendes? El caso es que yo me he defendido siendo muy fiel a mi trabajo y a mis valores culturales.

RH.   La abstracción ha sido sospechosa en muchas épocas. Tú hablas de las sospechas marxistas hacia la abstracción como mero juego estético burgués en los años finales de los 70 y en la Transición. Pero es un tema recurrente. Es como si no hubiera posibilidad de una convivencia normalizada, pacífica me atrevería a decir, entre abstracción y figuración, como si la preeminencia de una corriente en una determinada época implicara el sometimiento de la otra. Incluso hoy, después de tantos años, se sigue poniendo en tela de juicio el estatuto de la pintura abstracta como arte, por el simple hecho del renacimiento de la pintura figurativa que vivimos. Sin embargo, a mí solo me interesa la figura cuando la figura del cuadro se aparece como una excusa para entregarme algo que ella no es, como las *cidras* de Zurbarán. Tú has hablado de esa idea genial del bodegón vacío[3] y has pintado bodegones vacíos. Esas obras son la consecuencia lógica de obras figurativas (aparentemente figurativas) como los bodegones de Zurbarán, que pongo como ejemplo.

O, por ejemplo, *Mercurio y Argos*. No me refiero aquí solo a la pincelada del maestro, que tiene en este cuadro quizás una de sus grandes demostraciones de soltura y «descuido». La representación está completamente transcendida. Los rostros de los personajes se pueden ver, pero no están pintados, no están representados, sino que son una pura abstracción, sombra, luz y aire. Porque Velázquez en este cuadro pinta la respiración somnolienta, diafragmática, de Argos y el sigilo tramposo de Mercurio. Argos y Mercurio como personajes no importan nada en la pintura, a no ser como anecdotario de guía turístico o como historia para enseñar a los más jóvenes a entrar en el arte, pero a Velázquez debía de importarle un bledo la historia, el tema, que termina siendo mera excusa, mero trámite en la gran pintura llamada figurativa y, por supuesto, en la pintura abstracta.

JT.   La figura la gente la entiende porque siempre pintas el mismo plátano, la misma naranja, ¿entiendes? Yo unas veces he hecho una cosa, otras veces he hecho otra cosa, o de repente he hecho una madera, pero creo que siempre ha habido un hilo conductor, la abstracción. De hecho, en mi pintura de hoy estoy depurando, depurándome a mí mismo.

RH.   Tu última etapa, a mí, creo que es la que más me gusta de toda tu trayectoria. De hecho, tu último cuadro, quiero decir, el que estabas pintando la última vez que estuve en tu estudio, me parece maravilloso. Me sorprendió mucho esa línea descendente. Me dejó perplejo.

JT.   Ese cuadro sigue todavía sin terminar porque no he podido ir apenas al estudio últimamente. Pero es un cuadro que me inquieta. Hay algo raro que me inquieta. No sé lo que es. Y he pensado hacer una serie, como de seis o siete cuadros, con ese tema.

---

[3] Puede verse el texto «Bodegón vacío» de Jordi TEIXIDOR en el apéndice «Textos de arte y filosofía» de este libro.

RH.   Cuando semanas atrás te visité en el estudio y lo vi, esa línea descendente, que es a la vez camino y caída, es decir, destino y final. Pensé «y después de esto, ¿ya qué?».

JT.   Hay algo raro en esta obra, sí. Bueno, tú ya sabes que los títulos los pongo para mí, pero luego se muestran al público sin título. Los títulos de mis cuadros en muchas ocasiones son algo solo para mí. Por ejemplo, después de *Final de partida*, el cuadro que pinté tú sabes que, para mí, se titula *Suicidio* y el siguiente a este, que tampoco le dije a nadie cómo se llamaba, se titula *La esquela*. Bien. Pues este en el que estoy trabajando está aludiendo a algo, no sé cómo decirlo, pero desde luego a algo del mundo de la transcendencia, de lo no conocido. Y claro, tengo 82 años y estoy estos días con lo de la salud, siento que estoy bordeando el final.

RH.   Yo cuando lo vi, me inspiró el *Ángel de Rilke*, del que tantas veces hemos hablado. Después de *Final de partida* no me esperaba este camino, pero al verlo, sin embargo, me da la sensación de que es el cuadro siguiente, el más «lógico», el cuadro más consecuente. Y es cierto, quienes conocemos tu trayectoria, sentimos cierta inquietud en esta pintura en la que estás trabajando ahora.

JT.   Es cierto. Es una lucha con el *Ángel de Rilke*, tan terrible, por ahí va. Ya le he dado dos manos, otra la he borrado, va muy despacio este cuadro, pero está aquí, está aquí. Había pensado, como último gran esfuerzo, hacerlo en grande, pero no estoy seguro. Creo que tiene una medida más intimista. Si lo hiciera en grande, epataría. Así que creo que tiene una medida idónea, sin ser pequeño, tiene algo de intimismo. En fin, en eso estoy. Y es lo único que me está dando un poco de ilusión y un poco también la exposición de Cuenca.

RH.   ¿Y llevan tus cuadernos, los diarios tachados, etc.?

JT.   Sí, todo lo han cuidado mucho.

RH.   Esos cuadernos, Jordi, son un tesoro. Son valiosos no solo para comprender tu trayectoria, sino para comprender un determinado proceso de trabajo abstracto, desde los comienzos.

JT.   Me da miedo dónde vayan a parar, o que terminen expurga-
        dos… De momento, cinco cuadernos se han quedado en el
        IVAM. En esos cuadernos se estudia toda mi trayectoria. Las
        subidas y bajadas, los éxitos y los fracasos, todo.

RH.   Sí, esos cuadernos son fundamentales y sería una lástima que
        terminaran en manos privadas, de un coleccionista, porque es
        un material de goce estético, pero también de estudio. Lo ideal
        es que los investigadores puedan acceder a ellos.

JT.   Sí, me preocupa un poco.

El pintor se lleva la mano a la frente. Su gesto cambia, sus ojos tienen
una luz triste ahora, y continúa:

JT.   Quiero remontar esta situación de salud, de médicos… Que
        en el fondo no es un problema de salud, es un problema men-
        tal. Estoy fastidioso, deprimido. Creo que voy a pintar ya
        poco más. Lo que quiero es pintar cuadros muy precisos y
        quisiera intentar por última vez ver si puedo escribir un poco.
        No me siento capaz, pero bueno. Estoy leyendo estos días a
        Heidegger.

RH.   Pues yo estoy justo en el camino contrario. Me interesan más
        los pintores y la pintura, que la filosofía. Para mí contiene más
        profundidad esta conversación contigo o tus cuadernos de bo-
        cetos que cuanto dice Heidegger en *El origen de la obra de
        arte*, por ejemplo.

JT.   Si yo hoy empezara, no sé si no elegiría estudiar filosofía en
        lugar de pintura.

RH.   Yo al revés. [Risas de ambos]. Nunca se sabe, ahora puedes
        escribir igual que yo pintar. Y en todo caso, tienes textos muy
        hermosos ya publicados, como tu lección de ingreso a la Aca-
        demia[4] o el de *Bodegón vacío*[5], de los cuales yo he aprendido
        muchísimo como filósofo y pintor a mirar un cuadro, a mirar
        el paisaje, el mundo.

---

[4] Puede leerse un fragmento del mismo en el apéndice «Textos sobre arte y filosofía» de este libro.
[5] Puede leerse en el apéndice «Textos sobre arte y filosofía» de este libro.

JT.   Eso me lo enseñó mucho Zóbel. A hablar de una parte mínima del cuadro que apenas aprecias, que te crees que no es nada y es fundamental. Hacía, por ejemplo, un ejercicio que era muy bonito, decía «tapa ese trozo y toda esa zona del cuadro se deshace y se desequilibra», «esa línea recta hacia dónde va». Y también Torner nos enseñó mucho a mí y a Yturralde, y no solo a mirar un cuadro. Yo recuerdo una tarde que se puso a hablar de Azorín, e hizo un análisis que me río yo de un crítico literario. Por no hablar de los análisis que hacía sobre música: de Schoenberg, de…

RH.   De hecho, Torner tiene una obra dedicada a Schoenberg, que a mí me abruma: *Escala de Jacob, Homenaje a Schoenberg*, de 1968, creo. Me parece una de sus grandes pinturas. Usa de un modo tan moderno el plexiglás. La semi-transparencia del material plástico le sirve para jugar con la luz y la perspectiva en escala, aunando el sentido bíblico de la historia de Jacob con la obra musical y la escala musical. Es una obra para mí determinante intelectual y pictóricamente. De hecho, al escribir *Ser perseguido* empleé el motivo de la escala de Jacob como modelo hermenéutico para comprender la relación entre sentido figurado y sentido literal. La metáfora de la escalera es fundamental en el pensamiento. En Wittgenstein, como tú sabes, es preciso deshacerse de la escalera una vez que uno llega a entrever algo que se nos muestra con sentido, pero sin lenguaje, es decir, entrever algo acerca de lo cual podemos hablar figuradamente, sin dejarnos llevar por la literalidad de la palabra que intenta figurar aquello que se muestra al ascender en la escala y tirarla. Después el abismo, el despeñarse, el caer con la esperanza de que alguien, entre el coro de los ángeles, escuche nuestro grito enmudecido.

Torner tiene en común contigo, me parece a mí, que tiene algo de poco español. Una vez me dijiste: «Este país no merece a Torner». Creo que entiendo a lo que te refieres. A la tradición hispana de olvido o desapego de sus mejores talentos. Te decía, que me parece que en tu obra y en la suya, siendo diferentes, comparten esa forma poco española (como dices tú) de comprender el espacio pictórico, que tiene un punto de racionalidad fundamental. Torner, además es también un pintor austero, cuando quiere, y ha tenido más consideración y prestigio, que celebridad.

Empieza a hacerse ya la hora de comer. Nos vamos a un restaurante japonés cercano. Al entrar, la camarera saluda a Jordi, cliente habitual. Seguimos hablando de arte, pero de cosas que se tragará el olvido y la memoria selectiva, porque no quedarán consignadas en este libro, ya que, enfrascados en la comida y la conversación, olvido conectar la grabadora del móvil hasta el siguiente punto, ya *in medias res*.

RH.   ... los «Palimpsestos» son intervenciones sobre mis propios libros, nada más. Sobrepongo formas, dibujos, colores, depende, en las páginas. Luego les pongo el nombre de la persona que se lo va a quedar. Por ejemplo, el que tiene Bellver se llama *Palimpsesto Bellver*. Otro se llama *Palimpsesto A. de la Torre* y así...

JT.   Ah, está bien. ¿Y tienes muchos?

RH.   Cuatro terminados y varios a medias.

JT.   O sea que son obras publicables, para hacer facsímil incluso.

RH.   Pues eso no lo había pensado. Pero creo que quedarán más bien como des-obra. Ya se publicaron como libro, ahora como palimpsesto desaparecen, mejor así...

JT.   Yo tengo muchos libros de poesía dibujados. Todos tienen o un colofón o un dibujo en la primera página. En los de Luis Cernuda tengo dibujos, por ejemplo.

RH.   Eso me lo tienes que enseñar, adoro a Cernuda. Le dediqué un artículo, de hecho, que se titula «País de lápidas», ya te lo enseñaré.

JT.   Claro. Hice también cuando era joven dibujos figurativos sobre poemas de Miguel Hernández. Tengo muchos libros de poemas y todos con un dibujo.

RH.   Y en *Ocnos*, ¿tienes dibujos en *Ocnos*?

JT.   Pues no me acuerdo. El libro desde luego lo tengo y lo leí, claro, pero no recuerdo.

RH.   Sería maravilloso un *Ocnos* intervenido por ti.

JT.   Y sabes que también hice una obra inspirada en Gamoneda. Le envié el dibujo y él me envió su libro firmado. Me gusta mucho Gamoneda. Ahora estoy mucho con la poesía americana. Por fin he encontrado el sentido de ser poeta en América. Yo pasé de *Hojas de hierba* de Walt Whitman a Walace Stevens. Gracias a Jenaro Talens que lo publicó en aquellos años. Y luego ya me metí con Eliot, con John Ashbery, que es bastante complicado, y sobre todo con Mark Strand.

Es difícil entrar en la poesía americana, porque no es una poesía de belleza.

Mientras habla, suena en el bar la canción de Guns and Roses *Don´t you cry*. La poesía y la música americanas nos salvan del reguetón por un momento.

Es una poesía auténtica, de una autenticidad americana, lo cual quiere decir algo más que una autenticidad europea. Se basa en elementos de la vida de la calle; por ejemplo, de una relación social que se denuesta, por ejemplo, en una sola palabra. Estoy leyendo *La escuela de Walace Stevens* de Harold Bloom.

RH.   Compartimos el gusto por Cernuda, que tuvo una relación con el mundo anglosajón, sin embargo, siempre mantuvo una fidelidad inquebrantable hacia el castellano, a pesar de su displicencia, por otra parte lógica, hacia España, que más que una displicencia, era una especie de dolor por España carente de esa cosa esencialista. El desprecio existencial a España y el amor a la lengua son elementos aparentemente contradictorios que se han dado, a menudo, entre nuestros intelectuales. Ya digo, en Cernuda, pero antes en Larra, por ejemplo.

JT.   Es que la lengua española es muy rica para la literatura, y especialmente para la poesía, cosa que no le pasa al francés. La lengua francesa es más hermética para hacer poesía, pero la lengua española tiene una ductilidad que permite construir grandes poemas, incluso cuando se hacen traducciones de otros idiomas como el inglés al castellano.

Justo en este punto nos traen los platos. Y comenzamos a tomarnos la sopa. En medio de una cucharada, Jordi detiene el cubierto, que contiene el alimento, como cuando el obrero detiene la grúa para asegurar el movimiento. Entonces, con la cuchara detenida entre el plato y la boca, dice:

JT.   Todo esto te lo digo con una gran inseguridad. Yo no tengo ninguna seguridad en mis afirmaciones.

Al hacer esta confesión socrática, tan típica en él, continúa comiendo.

RH.   Bueno, yo creo que ahí está la sabiduría. ¿Tú sabes lo que resulta insoportable en filosofía? Ciertos especialistas. Aquellos que tienen autoridad sobre un tema y creen que, solo por eso, ya dicen algo interesante sobre ese tema y, generalmente, solo repiten lo que han leído o hacen de ventrílocuos del pensamiento de otros. Estos especialistas filosóficos, además, creen que su autoridad de especialista les faculta para múltiples otros temas. Vamos, que te sientan cátedra hasta de las lentejas. Yo les llamo el «cuñao académico». Es mejor no cruzarte con ellos. Se les ve venir incluso de jóvenes. Cuando ves a un doctorando que ya lo sabe todo, predices que ahí hay un futuro «cuñao académico» en potencia. Incluso algunos estudiantes, que uno no sabe para qué hacen la carrera porque ya lo saben todo. El sistema educativo tiene estas cosas a veces. Menos mal que no es mayoritario.

JT.   No hay una buena base con este sistema.

RH.   Las Humanidades están muy maltratadas en el sistema, pero desde el principio. La filosofía cada vez está más arrinconada. Pero las artes y las humanidades en general son despreciadas en la educación. La pintura, por ejemplo, se considera una cosa educativa en la etapa infantil, pero no hay formación pictórica ni musical ni nada de eso. No sé si te conté una anécdota. En el programa que hice para TVE2 sobre Canogar, uno de los días de grabación tuve que llevarme a mi hijo conmigo porque no tenía clase y no tenía con quién dejarlo. Se portó muy bien y le gustó mucho la experiencia, la verdad. El caso es que, a la semana siguiente, en el colegio, le contó a su profesora que había estado con su papá haciendo un programa con Canogar. A esto, su profesora le dijo: «¡Qué bien! ¿Y en qué equipo juega Canogar?». Cuando me lo contó mi hijo ni siquiera me reí. Sentí una profunda tristeza.

JT.   ¡Madre mía! Para echar a correr. Por cierto, ¿estás preparando algún programa nuevo?

RH. Sí, estoy preparando otro programa con Fernando Bellver. Mi idea, además de los programas de televisión y radio, ya sabes que es ir publicando mis estudios sobre pintura española contemporánea, de los años 50 a los 80 o así, ya veremos. Tengo casi terminado un libro sobre Torner. Siempre centrado en la pintura. Me interesa la pintura particularmente porque le pasa un poco como a la filosofía, no sé cuántas veces se ha decretado su muerte, pero ni la pintura ni la filosofía terminan por morir. Siempre salen airosas de los pronósticos condenatorios que se vierten sobre ellas. El positivismo, la ciencia, la técnica, incluso la política, dan por descontada la inutilidad y pronta muerte de la filosofía desde hace siglos. Con la pintura pasa lo mismo. Ciertos gurús de la crítica la han condenado no sé cuántas veces. Hoy mismo, con el auge del arte digital, o de los NFT, se discute el sentido de pintar. Pues bien, a mí me interesa remarcar el papel de la pintura como lugar de resistencia expresiva, del mismo modo que la filosofía es casi siempre el rincón del francotirador, pero a la inversa: la totalidad del horizonte lo mira a él, amenazador, y el filósofo se resiste escabulléndose en el lenguaje.

Para mí, de hecho, nuestras conversaciones son parte de esta actitud de la filosofía como lugar del francotirador, que escapa de la zona confortable, académica, y se embosca entre pintores y en la pintura. En fin, tú sabes a qué me refiero.

JT. Sí, claro. La pintura fue negada. Y, por cierto, ¿dónde tiene el estudio ahora Bellver? Porque dejó el de la Calle Mayor.

RH. ¡Uf!, se ha ido a un pueblo perdido de Galicia, de hecho, hemos grabado allí el último programa.

JT. O sea que tiene casa y estudio allí, en Galicia. Aquí tenía un taller maravilloso, que ahora se habrá llevado allí.

RH. Sí, sí, lo tiene ahora en el pueblito de Galicia.

JT. Bellver es muy hábil. Tan hábil, tan hábil, que es peligrosamente hábil.

RH. Hace lo que quiere. Tiene una destreza técnica increíble. Y un sentido narrativo de la composición lleno de inteligencia e ironía. A mí que la pintura figurativa no me entusiasma, la de Bellver me parece fascinante en muchos aspectos.

JT.   La técnica la controla muy bien, especialmente el grabado.

RH.   Así que, hasta la fecha, he conseguido reunir en tres programas de televisión a tres de los protagonistas del arte español contemporáneo. Te tengo a ti[6], tengo a Bellver[7] y tengo a Canogar[8]. Mis estudiantes van a estar felices con este material visual. Si todo sale bien, habrá otro sobre Gustavo Torner.

JT.   Canogar, por cierto, ha abierto un espacio en Toledo, ¿no? ¿Lo conoces?

RH.   Ah, sí. Estuve en la inauguración.

JT.   ¿Es bonito?

RH.   Es precioso.

JT.   ¿Está en la misma ciudad?

RH.   En el casco histórico. Está en Roca Tarpeya. No es muy grande, pero el emplazamiento, el entorno y la vista al Tajo son inigualables, y el trabajo de selección y curaduría es exquisito. De hecho, una de las sorpresas que depara el Espacio me parece que fue idea del comisario, Alfonso de la Torre: se trata de una escultura de dos piernas hasta las rodillas que están ubicadas visiblemente en el exterior del edificio, pero en dirección hacia adentro, no hacia afuera, no hacia el río, como si la pobre Tarpeya, su espíritu, quisiera regresar, darle la vuelta a la cruel historia de la leyenda, que dice que fue arrojada desde la roca que ahora sustenta la escultura de Canogar, tan inteligentemente dispuesta en dirección opuesta a la muerte, al despeño.

JT.   Ya es el último que queda de El Paso.

---

[6]   «Jordi Teixidor: la partida sin final de la pintura (1)» y «Jordi Teixidor: la partida sin final de la pintura (2)» pueden verse en la web de TVE A la carta o en el canal de TVE en YouTube.

[7]   «Bellver: el viaje interior de la pintura» puede verse en *ibidem*.

[8]   *Op. cit.*

RH.   Sí. Y de Cuenca ya solo Torner.

JT.   Después de Torner, los únicos que quedan relacionados con Cuenca somos Yturralde y yo. Este viernes, por cierto, tengo una reunión en la Fundación Juan March con Yturralde.

RH.   Ah, sí, qué bien. Tuvisteis unos principios paralelos.

JT.   Tuvimos cierta amistad, complicidad, expusimos un par de veces juntos. Pero luego él se fue muy pronto a Estados Unidos. Técnicamente es un hombre muy preparado.

RH.   Es muy intelectual, también.

JT.   Desde el punto de vista teórico, de psicología de la percepción, de la forma Yturralde es muy bueno. Es un pintor que ha sido muy fiel a sus planteamientos, que ha mantenido el tipo. En Valencia éramos los únicos pintores abstractos. Estaba el Equipo Crónica que dominaba todo en todos los sentidos. Luego estaba el Equipo Realidad, que eran, para mí, tan interesantes o más que el Equipo Crónica.

RH.   Era un ambiente de cambio, de efervescencia, complicado, en el que la ideología lo impregnaba todo.

JT.   Sí, es cierto. Yo era de izquierdas, por supuesto, y me había acercado al comunismo cuando el Concilio Vaticano II. Claro que había presión política y podía llegar a afectar al prestigio de las galerías o de sus exposiciones.

RH.   Yo creo que lo peor que le puede pasar a un artista es que sea previsible. Una cosa es ser reconocible y otra cosa es ser previsible. Por ejemplo, tú puedes reconocer inmediatamente un Millares, pero nunca te parece previsible, siempre contienen un pequeño cosmos al que no se puede acceder del todo. Por eso son obras que se pueden ver continuamente, sin agotarlas. En tus obras, siendo completamente diferentes a las de Millares, sucede lo mismo, el espectador nunca sabe del todo porqué esa línea en ese color es así, pero debe ser así. No puedes saberlo en base a lo que has visto antes, por eso son reconocibles, pero no previsibles. Sin embargo, yo creo que cuando la ideología domina el acto artístico, termina reduciéndolo, haciéndolo previsible, demasiado expreso. Hoy podemos valorarlo con el paso del tiempo.

JT. Aquellos eran momentos en los que España estaba empezando a vivir con cierto espíritu europeo la democracia; la llegada del PSOE fue algo increíble. Yo me marché entonces a Nueva York. No sé si fue demasiado inteligente marcharse justo en aquel momento en que se abrían todas las posibilidades para nosotros, que habíamos estado esperando tanto ese momento.

RH. Te marchaste justo cuando tu generación y la siguiente se estaban posicionando en el país.

JT. Exacto, y cuando regresé ya se había posicionado todo el mundo…, menos yo. Ya estaban todas las sillas ocupadas.

Esto último lo dice con una sonrisa en los labios.

JT. Yo me marché en el 79. No me quise quedar en Estados Unidos porque ya era muy mayor. Tenía 42 años y no era cuestión. En Nueva York mi pintura encajaba. No como novedad ni como sorpresa, evidentemente, pero encajaba porque hay una corriente.

RH. Hemos hablado de los pintores abstractos de los 50 y 60, también de los realistas de los 70 principios de los 80, pero qué opinas de un pintor como Antonio López. Es evidente que tu pintura está en las antípodas del hiperrealismo. Obviamente, como pintores, no tenéis nada que ver el uno con el otro, pero, más allá de los caminos expresivos que uno elige, ¿tú qué opinas de su pintura?

JT. Antonio López es un pintor hábil. Pictóricamente está centrado en unas normas tradicionales. Su éxito radica en la apariencia de la imposibilidad de mirar de otra manera. Es decir, por ejemplo, su *Gran Vía*. No es la realidad, si es que pretende representar la realidad, que se supone que sí. A mí el colchón atado con una cuerda en el Tomelloso me dice: «El Tomelloso», mientras que la manzana de Cézanne no me dice *Aix-en-Provence*, me dice la cultura del momento, la búsqueda de otra realidad más real que el objeto: la pintura. Antonio López no pinta en la modernidad, en la contemporaneidad. Y hay un ejemplo que pongo siempre.

¿Te acuerdas de la historia del membrillero? Aunque Erice me gusta mucho, esta película me resultó aburrida. Pero lo importante de la película es algo que creo que no ha advertido el propio Antonio. Lo importante no es que vaya a pintar el membrillero tal cual, sino toda la parafernalia de hilos y papelitos con los que protege el membrillero para que al día siguiente esté igual. Así intenta evitar que el tiempo pase por el membrillero, interviniendo el membrillero, recubriéndolo. Bueno, pues la obra de arte moderna es la acción del artista intentando detener el tiempo y el clima para que no afecte a su modelo. Antonio López hace una magnífica acción-pintura de modernidad sin enterarse.

RH. Y, ¿qué opinas del arte digital, o el arte en su relación con las nuevas tecnologías?

JT. Me parece que hoy es lo que hay que hacer. En esta época la presencia de la técnica y de los medios audiovisuales son de tal potencia que no puedes obviarlos. Lo que yo quisiera es que esos medios y esa potencia se utilizaran con un contenido que valiera la pena. No que sea mero efectismo, que es lo que me da miedo a mí. Las pantallas nos han superado. Es muy difícil competir con una pantalla en la Plaza del Callao en Gran Vía porque además están hechas de maravilla técnicamente. Porque esas lonas inmensas, tensadas, con una reproducción y nitidez apabullantes son insuperables, con una reproducción magnífica.

RH. Son «obras» hechas por psicólogos y diseñadores al servicio de un objetivo empresarial, solo secundariamente plástico. Se pretende activar y atraer las pulsiones, hasta la infantilización del intelecto por la carga excitativa de la luminosidad. Hace años que llamo a todo esto «la nueva caverna», en clara alusión a Platón, lógicamente.

JT. Pues sí. Ahí están metidos, con toda la algarabía lumínica, y a la gente le encanta. En ese sentido, me molesta porque no hay contenido.

RH. A veces, en arte digital, es verdad que se trabaja con efectismos. Pones cuatro luces, frases, sobre un entorno todo oscuro, y cómo no vas a atraer la atención de la gente. Igual que miran un anuncio de zapatos en el pantallón de Callao. Hay una delgada línea entre pura repetición del modelo que se quiere superar y superación del mismo a través de sus mismos medios, de sus mismas trampas. Es una cuestión compleja.

Por no hablar de las llamadas exposiciones inmersivas, que simulan lo que ha de venir, la integración cerebral en la realidad virtual (valga el oxímoron). A mí esto me parece una degradación/sublimación muy interesante del arte, porque queda sustituido por una presencia holográfica, lumínica, dúctil, falsa, que todo el mundo sabe falsa, manipulada, pero que todo el mundo comparte como experiencia artística. Se ofrece la malformación de una imagen conocida en su «realidad» material, pues se suelen hacer de obras y artistas muy conocidos, para que la gran mayoría pueda entrar en la inmersión. Es como una bacanal sin cuerpos en donde los sentidos se llenan de experiencias más próximas a lo alucinatorio de una verbena que a la experiencia reposada ante una obra. Se trabaja la sobreestimulación del espectador, no su sensibilidad ni su inteligencia. Queda a merced del artista, o de la empresa, que lo mete en su producto, lo deja inmerso en él, a la vez que se lo mete por los ojos, las orejas, por todo el cuerpo. Hay algo como de una libido sadomasoquista compartida en una bacanal de efectismos. Y funciona muy bien, la verdad.

¿Sabes lo que me gustaría a mí? Y a lo mejor estoy dando una idea que ya se le habrá ocurrido a algún genio de las finanzas culturales. Me gustaría que hicieran un Museo Nacional del Prado Inmersivo. Ya tengo las siglas: el MNPI. Sería un exitazo. Ya lo estoy viendo: cientos de turistas inmersos en la experiencia de pasear por el cuarto de *Las Meninas*, o acariciando un corderito de Zurbarán, tan suave, lanudo y muertecito. Y mientras, otros, tal vez podrían disfrutar un rato del Prado real, cuya explotación roza los límites del maltrato. Se van a cargar el patrimonio con la masificación. Se ha puesto el arte al servicio de las empresas turísticas. El arte y los centros de las ciudades. Madrid es cada vez más insoportable. Riadas de gentes son paseadas delante de obras que nos pertenecen a todos, pero que al final solo son objetos de libre disposición y explotación de las empresas turísticas. Igual han hecho con el centro de Madrid, que ha sido enajenado a los ciudadanos en beneficio de no se sabe quién. Los barrios han sido reducidos a decorados. Yo he vivido en el centro y no volvería ni loco. Tú lo sabes bien, que vives en plena Malasaña.

JT.   Claro que sí. Y luego, además de lo inmersivo, de eso de hacer del arte siempre un espectáculo, hay otra cosa que no entiendo. Me refiero a esa tendencia a aglutinar acciones que se consideran que estéticamente son compatibles, como, por ejemplo, ponerte a bailar delante de Rubens. Oiga usted, si a mí me gusta el baile, ya asociaré yo por mi cuenta la pintura con alguna danza o al ritmo. Pero déjenme espacio para pensar e imaginar por mí mismo. No me den un espectáculo. Estoy cansado.

       Nosotros tuvimos que luchar mucho por el arte, por introducir el arte contemporáneo en este país y lograr que se le respetara en los años 60. No sé si te he contado alguna vez esta anécdota. Yo estaba exponiendo una individual en Valencia y me encontraba en la galería. En esto, entró un señor, paseó por delante de las obras sin detenerse y al marcharse dijo: «¡Qué sinvergüenza!». Y cerró la puerta con malos humos. Ahora nos reímos, pero eso formaba parte de la lucha por sacar adelante una forma de ver el arte, de un respeto, que no sé yo si ahora no se está perdiendo de nuevo, con lo inmersivo y los espectáculos.

RH.   ¿Tiene Valencia un punto conservador todavía no?

JT.   Pero es contradictorio porque Valencia ha sido muy progre en muchos aspectos. Es mediterránea, tiene una tradición cultural sensual, lúdica, festiva. Por ejemplo, cuando no se podía hablar de homosexualidad, Valencia era una ciudad donde los gais eran bien acogidos. Nosotros mismos teníamos amistades públicamente gais. Salíamos con las parejas que fueran, hetero o no, y nadie se extrañaba ni se escandalizaba. Te estoy hablando de los años 60. Era todo muy natural.

       En Valencia, en el ámbito intelectual, siempre me he sentido un poco desplazado. Yo escribí de joven a Joan Fuster. Estaba suscrito a la revista *Destino*. Entonces escribí a Joan Fuster para decirle que estaba muy de acuerdo con sus artículos y que era una suerte que en el País Valencià (entonces todos decíamos País Valencià) tuviéramos escritores de ese nivel literario y de pensamiento. Me contestó y me citó a una reunión con él. Por desgracia me tenía que ir a la mili poco después y no pude asistir a muchas reuniones con él. Pero me reuní con él alguna vez de joven. Te cuento esto para decirte que Valencia siempre ha tenido unos rincones de apertura y posibilidades. Estaba Estellés, el poeta, o estaba Raimon, el cantante, o estaba Alfaro como escultor, siempre una serie de personas contra la parsimonia valenciana, pero luchar contra ella era muy difícil porque todo en Valencia está *La mar de bé. Pa qué vamos a molestarnos, estamos la mar de bé*, ¿entiendes?, ese era el espíritu. Yo he sufrido mucho con Valencia.

RH.   ¿Y dónde te has sentido tú mejor?

JT.   Yo me he sentido muy bien en Nueva York, en el sentido de poder disfrutar del entorno que me arropaba culturalmente. Pero a nivel personal, no acompañó, porque yo estaba solo, vivía solo. Pero no había tarde que no fuera al MoMA o a una exposición. Me sentía muy arropado culturalmente en Nueva York. Al volver dudé si vivir en Barcelona, pero mi galería de entonces era Vijande, que estaba en Madrid y por cuestiones de trabajo decidí venirme aquí. Pero en Madrid no me siento a gusto. Llevo aquí ya treinta y cinco años y no siento que es mi ciudad. Conozco bien Madrid, pero no siento que es mi ciudad, no la siento, no la siento. Siento que es mi ciudad Barcelona o Valencia, pero tampoco mucho. Es que España no me gusta nada.

RH.   ¿Y los toros?

JT.   Los toros me han gustado mucho, fíjate, he ido a muchas corridas, pero luego uno piensa más y deja de ir.

RH.   Yo recuerdo hablando con una amiga argentina que se extrañaba de que me gustaran los toros. Yo reconozco que me gustan, reconozco que no puedo defender moralmente la lidia, pero necesito que existan estéticamente.

JT.   Exactamente. Esa es la definición.
    Yo he ido a muchas, pero solamente he asistido a dos o tres grandes corridas. Recuerdo una de Rafael de Paula. La belleza de un capote o de una muleta, corriendo lentamente delante de una bestia, y el personaje realizando todo el dibujo com-

pleto para que limpiamente salga el toro, es de una belleza increíble. Tú es que eres muy joven y no lo has visto, pero en fin…

RH.   ¡Uf!, la juventud es algo que se pasa con el tiempo.

JT.   Yo en estos momentos me siento cansado vivencialmente.

RH.   Pero eso te puede pasar también en la juventud.

JT.   Es cierto. Yo estoy bastante deprimido. En estos momentos lo que me gustaría es irme a Saint Paul de Vence, retirarme allí con varios libros pendientes, vender un par de cuadros para estar económicamente más tranquilo, y estar con Anne, que es una compañera magnífica. Ella es más inteligente que yo, se ha educado en la cultura francesa, porque vivió en Argel, conoció aquella vida colonial.

RH.   ¿Y por qué no te retiras, si estás así, dejas esta ciudad y te vas con ella al mar?

JT.   Me puedo retirar sin decirlo, ¿entiendes? Creo que voy a pintar seis o siete obras más a partir del cuadro último que tú conoces, el que llamas el *Ángel de Rilke*. Y yo creo que eso será lo último que pinte. No tengo prisas. Si tardo dos años en hacerlos, los hago, a menos que los resultados médicos sean alarmantes.

Al decir esto, ríe con el rictus que exorciza la amenaza.

RH.   En todo caso, no los destruyas, porque alguno de los que destruiste en el proceso de *Final de Partida* era precioso.

JT.   No ha sido de los que más me ha costado destruir. Con otros que destruí dudé más.

RH.   Bueno, si tú consideras que se deben destruir, bien destruidos están.

JT.   Tengo fichados 1.640 cuadros desde 1962 hasta hoy. Solo cuadros.

RH.   Pues ese fichero será fundamental para hacer un catálogo razonado.

JT.   Pero muchos cuadros no sé dónde están, otros se han perdido, a algunos les ha cogido una inundación. Demasiados cuadros, Rafael. Demasiados cuadros. 1.640. Eso no puede ser serio. Salvaría unos treinta o cuarenta cuadros, que creo que tienen el nivel como para que permanezcan.

RH.   ¿Has listado estos que consideras mejores?

JT.   Voy haciéndolo poco a poco, porque me da pereza. Les voy poniendo estrellas. Una estrella significa que se puede vender o regalar. Dos estrellas, solamente vender a galerías. Tres estrellas: a museos. Cuatro estrellas: a un gran coleccionista. Cinco estrellas: no sale de casa; son para mi hija, que luego hará lo que le dé la gana. No creo que yo sea un pintor que vaya a durar mucho, ¿entiendes?

RH.   A «durar» ¿qué significa?

JT.   Que siga figurando veinte o treinta años más…

RH.   Eso no se sabe nunca. Si lo intelectual tiene alguna influencia en el arte, creo que tu obra tiene más transcendencia que otra quizás más vendible.

Justo entonces viene la cuenta. La camarera, que conoce a Jordi, le acerca el platillo. Intento pagar, pero él lo impide con un «¡Tú estate quieto!» y mirando a la camarera, concluye: «Estos jóvenes…». Le pido entonces que me deje pagar la próxima vez. Y pienso que todo final es un ajuste de cuentas, con la camarera o con la posteridad. Y siempre son los otros quienes deciden si uno tiene solvencia o no.

29 DE ABRIL DE 2024

Siento que algo crece en cada conversación con Jordi. Me parece cada vez más lejano aquel filósofo aquejado de logofobia, abatido de hartazgo conceptual, asediado por la inercia académica. La ductilidad del habla, la generosidad persuasiva del color, la fuerza de la expresión, la vocación de verdad sin victoria hacen del pintor el más verdadero filósofo, como lo fue José López Martí en mis días de juventud, esas personas que portan un carisma elegante, que ni siquiera desprecian el poder porque el poder no se cruza en su perspectiva vital. Ese tipo de filósofo que raramente se encuentra en una Facultad de Filosofía.

Me parece que hoy Jordi está algo más feliz. Su mano está mucho mejor. Es una broma del destino que un pintor se lesione su mano buena. Dentro de poco le retiran la escayola y podrá pintar de nuevo. Obviamente, nos hemos encontrado en el lugar de siempre, puntuales en El Comercial. Y de allí, nos marchamos a otro bar cercano. Y entonces nos sentamos y le enseño a Jordi tres pequeños estudios, y comentamos un encuentro que tuve sobre pintura y filosofía con jóvenes en la Fundación Caixa Rural.

JT.   ¿Lo has pintado con óleo?

RH.   No, es acrílico. ¿Qué te parece?

JT.   Es muy sugerente. Con sinceridad te lo digo. Yo lo único es que los pondría más separados. Porque, por ejemplo, aquí hay una vertical muy importante y con esta horizontal no se entendería. O en todo caso, este en el medio. Yo creo que no deben pegarse. Este orden está bien, pero sin tocarse. Que esta anchura sea menos que esta. Así es mucho más sugerente que si los pegas. Si los pegas, se ve qué es lo que quieres, pero confuso.

RH.   Pues te tomo la palabra, Jordi. Le he estado dando vueltas a la idea de huerto, tierra, ver a la vez el orden geométrico del cercado y la tendencia cíclica y caótica de la tierra, como un oculto *ápeiron*.

JT.   El material que usas está bien.

RH.   ¿Te gusta?

JT.   Sí, y de proporción está bien.

RH.   Me alegra que te guste.

La filosofía no tiene género. Ni siquiera tiene un lenguaje propio. Pintar y escribir es cultivar la misma vocación, esa de intentar cabalgar sobre conceptos para abandonarlos, dejarlos caer sin caer uno mismo, como el carro alado, intentando siempre guiar los ojos del alma hacia algo verdadero, algo cuyo pulso sea vida sin sombra, sentido sin referente.

RH.   Es una suerte poder llevar la pintura a los estudiantes. Me gusta soñar con que cultivo un espíritu socrático. No me interesa especialmente acercarme al experto, por eso no suelo presentar mis libros de filosofía. De igual manera, me interesa la gente más joven o con mucha experiencia, como si huyera de mi propia generación. Pinto como pienso. Mi trabajo es llevar la filosofía a través de la pintura, hacer de la pintura un género específicamente filosófico, para cuestionar la idea de que toda filosofía debe ser lenguaje verbal o silencio. La filosofía es forma, color, línea, tal y como nos enseñaron los pitagóricos y se respira en el platonismo. Hemos olvidado eso, que la filosofía no tiene por qué ser lenguaje verbal. Hay más filosofía en un cuadro tuyo que en algunos ensayos de especialistas que se publican al año. Para mí esto es evidente y es lo que trato de hacer llegar a los más jóvenes.

JT.   Y la gente joven, si no les diriges hacia allí, no lo saben encontrar. Ellos no entran en profundidad en el lenguaje si no les enseñas, si no les abres puertas. No matizan, por ejemplo, lo que es el lenguaje del cómic, que es una falsedad de la realidad, pero que es una representación.

RH. *La Nueva Caverna* está toda basada en la obra de Platón. En-
      tonces yo les hago sugerencias intuitivas sobre el color y la for-
      ma y ellos entran y comprenden el concepto platónico. Es una
      experiencia maravillosa observar cómo interiorizan la forma y
      el color como conceptos filosóficos.

JT.   Yo lo que creo es que la enseñanza del arte, de la pintura, sobre
      todo adolece muchas veces de incomunicación, de no relacio-
      nar la pintura con el cine, con la poesía o con la arquitectura.
      La misma arquitectura de Mies van der Rohe está funcionan-
      do luego en el mundo de Mondrian. O, por ejemplo, no se
      enseña que Stravinsky está rompiendo valores y esquemas,
      igual que los estaba rompiendo Malévich. Esto es lo que yo
      creo que no saben hacer bien, enseñar estas correlaciones na-
      turales. Por eso, la mayor parte de la gente ve pintura, pero no
      ve literatura. Es que me parece que incluso por fechas están
      pasando cosas a la vez cuando surgen Malévich, Stravinsky,
      Mondrian hasta si me apuras Proust. Está sucediendo todo al
      mismo tiempo. No se puede aislar la mirada solo a lo pictóri-
      co, sin escuchar la música del tiempo, o leer la literatura del
      momento. Y ahí están todos en el mismo «tinglao», cada uno
      haciéndolo de una manera.
          Yo creo que el arte no se acaba en lo que vemos o en lo que
      oímos, sino que es arte en la medida en que se desprende de
      esa referencia para convertirse en un halo y en un ente abierto
      a la mente, a las experiencias. Lo mismo que nos puede produ-
      cir emocionalmente (aunque lo emocional no es garantía de
      algo artístico) el *Réquiem* de Mozart, nos lo puede producir
      los grabados de Rembrandt, ¿me entiendes? Llegamos a lo
      mismo, aunque la conducción y el recorrido del camino es to-
      talmente diferente. A mí no me interesa un arte que se acaba
      solamente en el cuadro o en una novela.
          Ya sabes que tengo algunos cuadros cuyos títulos hacen re-
      ferencia a literatura como *La muerte de Virgilio*, por el libro de
      Broch, o *Ulrich*, en referencia al *Hombre sin atributos*. Enten-
      der el arte es entender algo que va más allá del arte. Es entender
      la pulsión de la vida, la pulsión del sentimiento, la pulsión del
      pensamiento, eso es entender el arte. Luego te especializas o
      tienes predisposición para una cosa u otra. Yo lo veía esto mu-
      cho en la Escuela de Bellas Artes. Aquella Escuela de Valencia
      de la que te he hablado ya tan patatera. La gente sabía pintar de
      maravilla, pero sin alma. Yo pongo el ejemplo de Sorolla, que

pintaba a los *chiquets* en la orilla de la playa y cuando se ponían a su alrededor jugando, les decían a los chiquillos: «Fuera, fuera. No molestéis al maestro», y el maestro replicaba: «No, no molestan. Si yo no pinto con la cabeza, pinto con las manos». La manera de ser española intelectualmente hace que sean así las cosas. Por eso también nuestra filosofía es tan corta y hay tan poco sistema filosófico en la filosofía española.

RH. Has abierto una cuestión muy importante, la de la filosofía española, porque uno de los temas propios que estudia la filosofía española es el sentido de su propio estatuto como filosofía, es decir, una de las cuestiones más obsesivas de la filosofía española es argumentar sobre la existencia o no de una filosofía española. Hay en todo esto una especie de círculo patológico, no sé si vicioso, pero desde luego sí una autocomprensión siempre atravesada por la crisis de identidad. A mí es algo que, como filósofo (si es que lo soy) y como español (si es que lo soy) siempre me ha hecho mucha gracia y me ha preocupado bastante poco. La filosofía española siempre anda preguntándose: «¿Existo?».

En España hay un gran ensayismo. Para mí eso ya es filosofía. Nunca he creído que la filosofía seria debe ser sistemática o aspirar a algún tipo de rigor conceptual. No es más que una superstición de gremio, de un gremio muy viejo que ha olvidado sus orígenes prístinos a los que, una y otra vez, nos vemos obligados a regresar, porque después de Grecia, en Occidente, ya está dicho todo en filosofía. El sistema es una añagaza escolástica, y el rigor conceptual es una trampa filológica que ha venido a intentar sustituir al sistema, después de su decadencia. No digo nada que no dijera mil veces mejor Nietzsche y que no hubiera advertido Platón. La filosofía toda está en la disposición acústica que el poeta pone para capturar el suspiro de la diosa: es decir, en Parménides, que lanza una intuición genial a despecho de la vida misma.

Una cosa que me produce pavor en la filosofía es olvidar que también hay filosofía que no tiene nada que ver con la escritura. Hay filosofía que no solamente es silencio, sino que hay mucha filosofía en cierto color, en cierta ordenación de la geometría; por eso siempre me ha interesado tanto un tipo de pintura como la tuya. Jamás pensé que con el tiempo llegaríamos a encontrarnos y hacer un proyecto como este. La segunda mitad de mi vida como pensador se expresa a través de la pintura. No niego, por supuesto, el valor de la escritura filosófica, lo que niego es su exclusividad como canal de comunicación y acceso a la sabiduría, a la verdad.

Por ejemplo, en tu última obra, que aún está inacabada, veo más apertura de sentido en esa línea que está descendiendo que en ciertas argumentaciones filosóficas que desembocan en un callejón de herrumbre.

JT.		Es que el cuadro no tiene que ser visto, tiene que ser captado, entendido (no en el sentido de comprensión racional). Esto es lo que hace que la historia del arte siga existiendo. Ya lo hemos comentado. Si el cuadro se agota, deja de interesar en poco tiempo, y ahí no hay arte, porque no hay comunicación de sentido profundo. Esto hace que nos siga interesando la obra de, yo qué sé, de Paolo Uccello, de Piero della Francesca, que están componiendo de una manera estructural casi geométrica, o nos siga interesando Vermeer, con esa ausencia… Y esto es algo de lo que mucha pintura contemporánea adolece. La pintura contemporánea es mucho el momento y el ahora, por lo menos a partir de Beuys. Yo creo que Beuys es el último que sigue pensando que la pintura es algo más que un cuadro, un lienzo. Pintores como Scully, que sigue la pauta de Rothko y sigue más allá, o, por ejemplo, los minimalistas norteamericanos, como Robert Ryman, estos todavía son pintores. A partir de ahí, dejan de ser pintores, son otra gente, estupenda, que hacen unas obras magníficas. Hacen unas obras magníficas, pero no tienen la entidad ni la esencia de lo que es la pintura.

RH.		Y de Stella, ¿qué opinas de Stella?

JT.		A mí Stella me gustó y me interesó mucho. Lo conocí en 1972 en una gran exposición de la Hayward Gallery de Londres. Me impresionó mucho aquella exposición. De hecho, tomé cosas de él, esas formas geométricas ordenadas. Luego esa derivación que tuvo hacia lo barroco, al barroquismo, la cosa disparatada de formas, materiales, medidas no me ha interesado tanto. Aunque como personaje, sus escritos últimos eran más interesantes. Pero fue un pintor que dio un gran salto. Recuerda su famosa frase de «lo que ves es lo que ves» cómo influyó. Yo creo que ha sido importante.

RH.   Ahora que hablas de barroco. El arte español está determinado por el barroquismo. Y no me refiero al sentido dorsiano del
término. Quiero decir que el prestigio y la imagen interna y
externa del arte típicamente español es la del barroco; al menos la llamada Edad de Oro del arte español se identifica con
este término en sentido, al menos, cronológico. Las salas de la
National Gallery londinense dedicadas al arte español son el
ejemplo más influyente de esta forma de ver el arte español. Ya
hemos comentado la dificultad de ubicaros como pintores españoles a artistas como tú, Gustavo Torner o Gerardo Rueda,
quien también lamentaba irónicamente su excentricidad aparente respecto de lo que fuera (y me temo que también dentro)
se considera como el arte español[9]. Y esto dando por supuesto
que el arte deba adscribirse a alguna nacionalidad concreta y,
aun concediendo esto, que dicha adscripción tenga que cir-
cunscribirse a unas cualidades esencialistas, patrias, casi puro
tipismo.

En cierto modo, si nos manejamos en estos esquemas de
identidad, identificación y catalogación, tu obra podría consi-
derarse negativamente como una pintura antibarroca. ¿Tú
aceptarías que se describiera tu estilo como no barroco? Encuentro que algunas veces has hecho mínimas concesiones a
lo gestual, pero en un sentido finalmente sometido por la serenidad y la discreción. Esto es algo que valoro mucho en tu
pintura: que barroquismo y gestualismo no son sinónimos,
sino formas expresivas diferentes. Es decir, que se puede ser
gestual sin barroquismo. Cierto que esto es algo muy comple-
jo, pues existe una fácil relación de causa-efecto que lleva al
gesto pictórico a transformarse en barroquismo estilístico.
Pero esto no es un destino ni una correlación conceptual. Tú
has trabajado el trazo gestual, pero siempre con un cierto orden interno que no somete la potencia expresiva del gesto.

---

[9] En la línea de TEIXIDOR, Gerardo RUEDA se lamentaba de la imagen estereotipada
de la pintura española en el extranjero, en una entrevista concedida a Paz FERNÁNDEZ
en 1980: «persiste aún la idea de una España determinada por el romanticismo francés:
lo bravío, la pasión, la sangre, el misticismo todo un galimatías del que no podemos
salir. Es una idea de España a la que corresponden exactamente cuatro pintores: Goya,
Solana... sin duda, interesante y plantea, además, el dilema terrible de lo autóctono, pero
creo que es un condicionante para el pintor». En Alfonso DE LA TORRE, *Gerardo Rueda.
Sensible y moderno*, prólogo de Juan Manuel Bonet, Ediciones del Umbral, Madrid,
2006, p. 161.

JT.   Yo he sido muy duro conmigo mismo.

RH.   Y lo sigues siendo.

JT.   Sí, es verdad. Yo he hecho cosas sobre lienzo formalmente be-
llísimas, pero me parecía excesivo, que no había motivo para
llegar a ese nivel que terminaba por convertir el cuadro en
algo «bonito». La palabra «bonito» es algo para mí sospechoso
en relación a mi pintura. Por otra parte, he evitado mucho la
habilidad. La habilidad es peligrosa en el arte. Cuando eres
habilidoso tienes que controlarlo muy bien, porque de lo contrario la misma habilidad se define por sí misma y se escapa.

Yo, respecto del barroco, a lo máximo que he llegado es a
una relación con el concepto, como término historiográfico.
Por ejemplo, tengo una serie que no conoces, porque está en
una colección particular, que se llama algo así como *Los viajes
de Ulises*, en referencia a Joyce. Un cuadro se llama *Dublín*.
Todas las formas son las mismas, pero cambian los colores.
Los otros cuadros se llaman *París, Trieste* y *Zúrich*, que son las
cuatro ciudades por las que va pasando Joyce. Yo encuentro
que esta serie es muy barroca, pero en cuanto al concepto, a la
idea, porque desde luego no hay ninguna referencia formal ni
tampoco una correlación entre referente y significado. Apenas
existe una insinuación de la relación entre el color de las pinturas y la luz atmosférica propia de cada ciudad. Los colores
de *Dublín* son cálidos, pero oscuros; los de París son grisáceos;
los de *Zúrich* son grises y los de Trieste son… color Adriático
diría yo. O sea que aquí hay un ejemplo de cierto barroquismo en el hecho de pensar, mezclar literatura, pintura, trama
narrativa, composición pictórica. Este es el tipo de barroquismo que se podría encontrar en mi obra, un barroquismo conceptual. Por ejemplo, Miguel Álvarez insiste en que soy un
pintor conceptual. Y empiezo a tomármelo en serio, a pensar
que sí puede haber algo de eso. No obstante, creo que la definición más acertada de mi pintura es la de cierto misticismo.
Hemos venido hablando esto, a menudo, en nuestras conversaciones.

RH.   Yo también lo creo. Yo te veo más en ciertos momentos de
Rilke. En tu última obra, quiero decir, en el cuadro que estás
pintando ahora se me aparece como una intuición evidente.
Nada más verlo, ya sabes, me sugirió la misma sensación del

ángel que emprende su vuelo más allá del coro para con su terrible belleza llevarse al poeta. Yo llego a tu pintura porque siempre me ha parecido el lugar más cercano a un tipo de pensamiento que siempre me ha parecido «el pensamiento» por su radicalidad frente al lenguaje. Una de las causas de estudiar filosofía fue el impacto que causó en mí la potencia expresiva creadora y destructora del lenguaje en la obra de Juan de la Cruz. Mi padre me regaló su obra siendo bien joven. Ingenuamente siempre pensé que la filosofía académica, que los grandes del pensamiento, podían dar una respuesta a este mundo contra-lingüístico. Fue una ingenuidad de la que salí muy pronto, cuando me topé con las obras finales del viejo Platón y, especialmente, con la obra de Carlo Michelstaedter. Creo que vi en la vida y en la obra de este joven italiano, además, un suicidio vicario que me salvó la vida o, por no ponernos melodramáticos que me despertó del sueño filosófico. En pintura, tu obra estaría para mí en el mismo lugar que *La persuasión y la retórica* ocupa en filosofía. Ese misticismo que desemboca y cristaliza en el *Tractatus* de Wittgenstein.

JT.   Creo que sí, que en mi obra hay ese misticismo no religioso, sino filosófico, por su ausencia y pobreza de elementos, cierta rigidez y escasez de elucubraciones. Siempre he tenido mucho cuidado de no llegar a lo innecesario, de no dejar aparecer lo superfluo.

RH.   Hay una voluntad ascética.

JT.   Sí, sobre todo estos últimos años. Lo que pasa es que siempre me ha dado un cierto pudor expresarme así como ahora, porque en este país, ya sabes, tan salvaje con respecto a estas cosas de hacer hincapié en el misticismo, porque lo entiende mal la gente, lo malinterpretan como algo religioso. Yo siempre digo que a mí no me interesa lo religioso, sino lo sagrado.

Mi pintura es austera, es muy austera, en ella sacrifico muchas cosas, como, por ejemplo, cierta habilidad que tengo con el color. Yo podría elucubrar mucho más con el color, hacer cuadros «bonitos». También podría especular más con la forma. Tengo un concepto del espacio y de las formas cercano a la arquitectura. La arquitectura siempre me ha interesado mucho. De hecho, tengo obras hechas en madera que prácticamente son estructuras arquitectónicas.

RH.   La gran paradoja de este país es que hay una corriente mística muy «española», en buena medida de origen judeoconverso, que ha sido administrada por poderes como la Iglesia, lo cual ha hecho que el misticismo se haya entendido muy mal, o mejor dicho, de un modo ideológicamente determinado por los intereses eclesiásticos. Yo tiendo a imaginar que ni Juan de la Cruz ni Teresa de Jesús estarían muy felices de la santidad póstuma que les atribuyó la Iglesia. Claro, después de muerto, el poder puede hacer con uno lo que quiera, incluso santificarte sin tu permiso. En este país hay mucho perseguido en vida y santificado en muerte.

JT.   Así es.

RH.   Y el castellano de estos místicos no es el castellano de la lengua propia de un imperio católico.

JT.   No lo es. Han llegado a otra cosa, mucho más allá. Incluso Rilke o Wallace Steven en algunos poemas hacen alusión a san Juan de la Cruz. La construcción literaria de san Juan de la Cruz es de una grandeza, hasta el punto de que, junto con *El Quijote*, es lo mejor que ha dado este país. Si la literatura española es Benito Pérez Galdós, pues qué le vamos a hacer. Por eso también me interesa tanto la literatura alemana de la guerra y entreguerras. O posterior, como Peter Handke.

RH.   Y toda esta gente admira profundamente nuestra gran literatura y nuestro arte.

JT.   A mí qué quieres que te diga. Escritores como Benito Pérez Galdós no me dicen mucho. Escribir sabe escribir. O en arquitectura, Gaudí no me interesa.

RH.   Coincido. Cuando alguien lamenta que no está terminada la Sagrada Familia, pienso: «Por favor, que no la terminen, más bien que la quiten».

Compartimos unas risas algo malévolas.

RH.   Yo creo que en España hay como una gran corriente (quizás subterránea) permanentemente excluida, que, precisamente, es la que la sostiene, la impulsa y mantiene viva. Los poderes más tradicionales, reaccionarios, que han venido dominando este país, siempre han perseguido y negado lo mejor de su cultura para, después, santificarlo. Primero perseguir, después santificar para usurpar y fagotizar la excelsitud. Yo, por ejemplo, creo que san Juan de la Cruz no era un gran creyente, en el sentido ortodoxo de una iglesia inquisitorial y católica. Uno lo lee, y se siente su amor por la vida, por la carne, por el paisaje, más allá de la metáfora y el simbolismo de la mística. Se tiene que amar mucho la materia para alcanzar ese refinamiento poético-espiritual. Sucede lo mismo que al leer el *Cantar de los cantares*. La relación entre erotismo y mística es inseparable desde antiguo. Por eso el místico siempre ha sido sospechoso para la ortodoxia, porque hay en él un encubrimiento sublimado de amor a la carne, que en otras religiones como el judaísmo nunca han sido un problema doctrinal, en la medida en que se ha sentido un profundo respeto por lo corporal y material, en tanto creación de Dios. La herencia judía de la mística española parece probada. Yo considero que la mejor tradición cultural española se despliega entre la ascesis y el ocultamiento. Por eso nunca es la preponderante en la narrativa del poder, del Imperio, de la Inquisición, pues estos de principio la persiguen, la amenazan y, una vez depotenciada, la engullen como propia, en un ejercicio de doble persecución por asimilación ilegítima. Y aquí radica la cuestión que hablamos sobre la filosofía española, sobre el estatuto propio de la filosofía española, de su no existencia, de su negación.

JT. Es que toda obra de arte tiene una parte de negación, incluso de contradicción, de desbaratamiento de lo mismo que está diciendo. Este es el fallo, a mi manera de ver, de la Generación del 27, quitando a alguno como Cernuda. Los poetas del 27 se lo creen demasiado. Se creen que están haciendo poesía por encima de todo. Menos Cernuda, que es un hombre al que la duda le corroe, y tal vez, en algunos momentos, por su carácter más abierto y su cultura cosmopolita, Salinas. Pero poetas como Alberti, bueno… Y ocurre mucho con el arte español, el no dudar, el no constatar la duda. La constatación de la duda es lo que afirma y asienta la obra.

RH. No hemos hablado de pintoras aún, de Juana Francés o de Carmen Laffón, por ejemplo…

JT.   Juana Francés llegó a hacer buenas cosas, pero se quedó a medio camino. Me gusta, sobre todo la obra final de Carmen Laffón. Otra artista que me gusta mucho es la escultora Susana Solano. Comprende muy bien lo que es el espacio, sabe lo que es dejar una pared sin una pieza, pero al mismo tiempo que en el suelo aparezca una pieza. Eva Lootz me gusta. Hay que tener mucho cuidado de no hacerlo muy bien. Ya te lo he dicho alguna vez, y lo has visto. Cuando un cuadro me ha salido demasiado bonito, lo he roto. Hay que tener mucho cuidado.

RH.   Eres muy autocrítico, y muy consecuente porque destruyes mucho.

JT.   Intento ser honesto conmigo mismo y con los demás. Es que quién soy yo para considerar que tengo la capacidad de hacer lo que se llama arte. Hay una anécdota… Me contaron unos amigos que, estando en casa de un artista, uno de los hijos les pidió silencio: «Haced el favor, que papá está creando». Pensar que uno es capaz de crear es el colmo del desconocimiento.

Todas estas reflexiones me gustaría que tuvieran un soporte más articulado, más serio, más teórico, no tan en el aire como las tengo. Aunque he mantenido en mi interior esta nube, esta nebulosa que he ido creando con el tiempo no acaba de tener una estructura, por medio de la cual se encajen las distintas cosas. Todas están moviéndose dentro de esa nebulosa intelectual que he mantenido y me ha ido acompañando a lo largo de los años. No hay un asentamiento.

RH.   Pero eso es lo poético. El hecho de que no se pueda dirigir el coro de los ángeles, hace que su canto sea completamente impredecible, indescifrable, hermoso y terrible.

JT.   Sí, es cierto. Pero a la vez esto genera cierta inseguridad porque me comparo, quieras o no, con otros pensadores que dicen tan bien las cosas.

No me sorprende, sino que me ilusiona escuchar al pintor llamarse a sí mismo pensador, de modo que los papeles se diluyen como la identidad escrita sobre el agua. Teixidor se compara con otros pensadores y yo pienso: cuán bien harían tantos filósofos en compararse con pintores. Pocos lo hacen, y se entiende, pues la mayoría, si comprendieran en qué consiste este salto mortal, vivirían recomidos por la sospecha y una gran carcajada se ceñiría a su sombra hasta el final de sus días. Entonces, retador, le pregunto al pintor-filósofo Teixidor, no para retarle a él, sino al gremio viejo de los filósofos. Y le pregunto así:

RH.   Otros pensadores que dicen tan bien las cosas... ¿Como quién? Yo no conozco ninguno. Al menos no se me ocurre.

Jordi sonríe y prosigue:

JT.   Sí. Es que se expresan tan bien, dicen las cosas tan bien. Yo es que no me considero muy inteligente. Lo dicen todo tan ordenado. Yo es que eso no sé hacerlo.

RH.   Yo he tenido la fortuna a lo largo de estos años de hablar y aprender de colegas filósofos muy inteligentes. Y sigo teniendo la suerte de disfrutar de la conversación de personas más inteligentes y cultas que yo. Y según mi experiencia, creo que tú eres muy humilde.
         Por otra parte, el decir las cosas con seguridad forma parte del oficio universitario. Yo mismo he escrito cosas con una contundencia que con el tiempo me he dicho: «Pero alma de cántaro, dónde vas». El setenta y cinco por ciento de las cosas que he afirmado en mis libros no resistirían el escrutinio de mi propia duda y el otro veinticinco es que ya lo he olvidado. *Ser perseguido*, que creo que es el único libro mío que salvaría de la quema, sí es cierto que contiene afirmaciones que defendería hasta el final. De hecho, en parte del mismo hay una confrontación con la cuestión de la duda. Pero en lo que atañe al resto de mi obra, creo que merecen el cieno. Después de escribir *Ser perseguido* me di cuenta de que la escritura para mí se había acabado. Todo lo que he escrito después se puede considerar o una reinterpretación de lo dicho allí o un compromiso académico al que obliga el oficio. Por eso renuncié a la escritura en el sentido serio de escribir con vocación de verdad, de desvelamiento, de comprensión. Mi escritura hoy es forma, color y línea.

JT.   Claro, claro. Y esto nos hace movernos dentro de una realidad española que a veces es desesperante, pero no queda más remedio que asumir que es esa. Tampoco es cuestión de pelearse y entrar en batallas, pero es desesperante.

Por no hablar del poco avance que ha habido. Por ejemplo, desde que murió Franco apenas ha habido avance en el modo de ser y de comportarse en general, y ya en las cuestiones de las que tú y yo hablamos, es desesperante el poco avance en entender lo que es el pensamiento.

RH. Hemos ido incluso para atrás a veces en ciertos aspectos. Sin embargo, no quiero caer en la desesperación, porque creo que en este país siempre hay una corriente (más o menos subterránea dependiendo de la época), una corriente que sigue tirando en la dirección de progreso. Esto no oculta la realidad de que yo mismo tenía más esperanzas en mi propia generación y en las siguientes, que en buena medida no se han visto cumplidas. Observo con estupor (quizás porque aún me queda algún resabio de ingenuidad) cómo se repiten modelos de jerarquía y modos de conducta más propios del Régimen que de una democracia, entre personas que, ideológicamente, estarían justo en el bando contrario. En la Universidad existe el fenómeno de gente progresista cuya conducta es claramente reaccionaria. Yo amo la Universidad española, no me entiendas mal. Me lo ha dado todo, pero a cambio intentó también suprimirme el alma, y a ese pago siempre me he negado. Muchos colegas terminan pensando en función de lo que demanda el *BOE* y dirigen su vocación a las cuestiones que financia el poder. A mí esto me parece lamentable, pero lo comprendo. No hay alternativa. Yo mismo escribí una tesis sobre un tema que jamás me interesó, pero era el único modo de obtener una beca de investigación. Comprendí muy pronto de qué iba el juego. Y lo he jugado intentando no vender mi alma al *BOE*. Siempre he llevado una carrera paralela al margen de la parte siniestra de la Academia, como poeta silente o como pintor, siempre he tenido un pseudónimo en el que he depositado lo único valioso que yo creo puedo aportar, por poco que sea.

JT. Yo también tenía la esperanza de que surgiría una generación que lideraría un proceso de verdadero cambio.

RH. Medio en broma, medio en serio, el otro día les dije a unos compañeros del gremio filosófico que, si seguimos así, el último sitio en donde encontrarás un filósofo es en una Facultad de Filosofía. Si queremos que alguien llamado a ser filósofo deje de ser filósofo, estudiará en nuestras facultades. No porque no haya grandes profesores intelectuales, los hay, y verdaderamente entregados a sus estudiantes. De esto no me cabe duda. No pongo en cuestión el trabajo, ímprobo, de las Facultades de Filosofía, siempre amenazadas existencialmente, siempre maltratadas presupuestariamente. El problema es que el propio sistema arruina la vocación del profesorado en aras de dioses pedagógicos y de objetivos ideológicos que desvirtúan la seriedad del pensar.

JT.   Antes había cosas que parecía que funcionaban y que podían entenderse como síntoma de nuevas etapas, de un despegue del pensamiento en este país. Estoy pensando, por ejemplo, en Eugenio Trías. Antes había estado Ferrater Mora, Emilio Lledó. Pero recuerdo que, en un momento dado, se pensó que a partir de Trías emergería una nueva generación de pensadores que vendría a renovar de raíz la filosofía española.

RH.   Yo no había nacido, pero desde luego es difícil encontrar en mi época un libro que haya alcanzado un impacto promisorio como el que supuso la publicación en 1969 de *La filosofía y su sombra*. Sinceramente, creo que las generaciones posteriores no hemos logrado un impacto parecido, por muchas causas. Desde luego hoy la relevancia pública de la Filosofía es cada vez menor. No obstante, creo que esta es una circunstancia que no explica apenas nada, pues la filosofía no suele tener mucho impacto público, suele andar siempre en los márgenes, intentando molestar un poco. En los acontecimientos del 11M sí es verdad que la Filosofía salió a la calle y tuvo cierta presencia. Yo escribí entonces *Breve historia de la utopía*. Algunos colegas fueron en las listas de los nuevos partidos de manera simbólica en los últimos puestos. Incluso amigos cercanos estuvieron muy próximos a los principales líderes quizás en la vieja forma del consejero áulico. Sin embargo, esto no tiene nada que ver con lo que decías tú, y lo que se esperaba que podría suceder hacia principios de los 70 de que, con la muerte del dictador, podría surgir una nueva generación de nuevos filósofos que ya daban muestras de gran vigor en su juventud, como Trías. Esto, me parece, no ha ocurrido. Ha habido, como siempre, grandes individualidades, que no han logrado tejerse como una fuerza generacional vivificadora. Creo que la Universidad en la Democracia se renovó profundamente, pero no en algo decisivo: en la dependencia que el poder ha sabido tejer alrededor de ella para determinar su destino. Yo siempre sintetizo esta enfermedad con la frase: No se puede hacer filosofía leyendo el *BOE*. Pero la carrera del filósofo depende del *BOE*. Así que solo queda un camino: salir de la Universidad para poder hacer filosofía o bien seguir el camino del *BOE* y convertirse en un respetable profesor de filosofía que, quizás cuando se jubile, tendrá tiempo de hacer filosofía.

JT. Ya había síntomas de esto. No hay más que ver la deriva de algunos pensadores. Estoy pensando en la evolución de Félix de Azúa. Un tipo siempre fino, elegante, inteligente que, ahora, mantiene unas posturas que no se comprenden. De Savater no hablo porque, sinceramente, nunca me gustó. Si todo esto lo trasladas a la pintura, donde hay un fondo menos denso, pues todo es mucho peor. Tú te meterás mucho con el mundo de la filosofía, pero el mundo de la pintura es muy lamentable, muy lamentable. Y como, además, en el arte se añade una cosa que vosotros no tenéis, que es el dinero, pues un filósofo sabe que ganar dinero no va a ganar nunca…

Nos reímos los dos y esto me hace pensar que quizás la pobreza endémica del filósofo, sumada a su petulancia, es lo que le hace a menudo anhelar convertirse en consejero político, a ver si así prospera algo y a la par se embadurna de poder vicario.

JT. Pero los pintores saben (o creen) que pueden ganar mucho dinero, entonces aquí entra toda clase de mezquindades y la batalla es de otra manera. Yo estoy bastante pesimista.

RH. ¿Con la pintura? ¿Con España?

JT. No, en general, con todo. Yo ya estoy pensando en que esto es el inicio de mi final. Sin embargo, no dudo, no dejo de creer en la posibilidad de que todavía tengo que hacer dos o tres cosas que pueden ser importantes para mí.

RH. Hombre, Jordi, yo entiendo el cansancio, pero…

¡Ring! Suena repentino y oportuno el teléfono de Jordi. Se palpa la chaqueta buscando al vociferante aparato, mientras dice:

JT.   Debe ser de algún médico. Últimamente siempre estoy esperando citas médicas…

Mira la pantalla del teléfono. Decide no responder. Obvia el último ring estridente, lo acalla y lo guarda de nuevo.

RH.   Tus últimas obras son especialmente buenas, Jordi. Desde luego, tú mismo has abierto un recorrido hacia nuevos cuadros por territorios de nuevas profundidades, creo yo que de horizonte existencial.

JT.   Yo estoy contento con el último que he hecho. Y tengo dos lienzos ya listos con el bastidor de tres metros cincuenta. Pero me noto falto de fuerzas físicas para pintar un cuadro de tres metros y medio. Además el arte, como te decía, está muy determinado por el mercado y es complicado colocar obras tan grandes en el mercado. Aunque a mí en parte esto me da igual, si puedo, lo haré igualmente.

RH.   Yo creo que el arte hoy ha perdido en libertad, porque el mercado y las redes sociales han sometido en exceso la carrera del artista al gusto del comprador, y eso es letal. Me da la impresión de que, sobre todo es menos libre la generación de creadores más joven, porque han perdido ciertos términos comparativos que podían darles otras perspectivas sobre el arte, como, por ejemplo, que se puede ser artista absolutamente al margen del gusto epocal. De hecho, creo que el arte entra en decadencia cuando hay una muy estrecha afinidad electiva entre la obra y el espectador/comprador, es decir, cuando hay una armonía casi perfecta e inmediata entre pintura y placer estético, entre creación y gusto, entre artista y mercado, en definitiva. Ya no hay dialéctica, sino identidad entre oferta y demanda. Esto para mí es la quintaesencia del arte-pop en el sentido de arte como objeto inmediato de consumo diario. Por este motivo, el arte se ha convertido hoy en un constante esfuerzo por llamar la atención. En el medio está el objeto. Para mí es una forma de servidumbre. Como el niño tontorrón en una fiesta, que quiere que le hagan caso todo el rato. El artista, en cuanto que alguien le llama «emergente», es decir, en cuanto alguien le dice que es posible que le hagan caso, se pone a mover los brazos y hacer toda clase de piruetas públicas para hacer valer su arte, es decir, para que vean lo gracioso que es. Es increíble la cantidad de talento que se invierte en todo esto.

JT.   Y son magníficos en eso que hacen. No es ninguna tontería. Siguen la estela que han logrado artistas con gran fuerza mediática. Por ejemplo, Plensa o Valdés o Miguel Navarro. Lo que hacen es magnífico. Tienen unos talleres y unos estudios impresionantes.

RH.   Pero en los años 80, con la llamada Movida (cuyo nombre nos aburre a muchos, pero en fin, para ubicarnos), surgió una generación de artistas que, al parecer, tenían en la libertad creativa su seña de identidad. Estoy pensando en Ceesepe, Bellver, Javier de Juan, Ouka Leele y todos aquellos. Tú conociste todo aquello de primera mano, de hecho, en directo. Aunque biográficamente viviste en plena movida, estilísticamente es obvio que no tienes absolutamente nada que ver con la nueva figuración que salió de allí. ¿Qué te parecían todos aquellos creadores más jóvenes? A mí siempre me resultó curioso que la libertad desaforada de entonces derivara estilísticamente en lo representacional, en lo figurativo, en lo testimonial.

JT.   No me interesó mucho. Yo vivo en Malasaña desde 1981. Y siempre digo que la Movida ha conseguido dos cosas: un Óscar y el botellón. [Nos reímos]. Ese es el gran éxito de la Movida de Madrid, porque ¿quién salió? Almodóvar. Su cine me ha ido gustando luego un poquito, pero reconozco que es un gran director de cine, que sabe lo que es el cine. Con respecto a la música, yo no sé mucho de rock, pero los grupos que salieron no despegaron más allá de lo local. En el mundo del teatro, nada. El mundo de la arquitectura la Movida no lo tocó. En filosofía la Movida tampoco aportó nada. En poesía un poco. En pintura hubo un movimiento que tuvo una entidad, como los de la nueva figuración madrileña que citas, porque ellos fueron exactamente lo que querían ser, eran de verdad modernos, quizás más ilustradores y grabadores que pintores, pero eran auténticos. Posiblemente no estoy siendo demasiado justo, es que estoy un poco cansado, sabes.

RH.   De todas formas, Jordi, todo esto luego lo editamos, de modo que se publique como tú quieras finalmente.

JT.   No, no, si no me importa que aparezca esta reflexión.

RH.   Lo sé, por eso comenzamos estas conversaciones, porque ninguno de los dos queremos que este libro nuestro sea una mera puesta de largo, una conversación falsificada en formato de diálogo. Nuestra idea siempre ha sido que sea real, que se publique algo real, auténtico. En todo caso, somos tan justos o injustos con nosotros mismos como con los demás.

JT.   Es que no ha habido un Saura, no ha habido un Millares, un Tapies, un Chillida. La generación de la Movida son muy buenos artistas, pero no han llegado a la maestría de oficio ni intelectual de aquella generación de los 50.

7 DE MAYO DE 2024

Hemos tenido un largo puente en Madrid. El madrileño tiene por costumbre celebrar el heroico levantamiento contra los franceses huyendo a toda prisa de Madrid hacia el Mediterráneo. A la vuelta, Madrid les espera con su primavera de alergia y terrazas de bar. Jordi y yo repetimos la rutina. Llego un poco antes de las 13.00. Encuentro en la Glorieta de Bilbao. Están grabando un anuncio en las mesas de El Comercial. Dos jóvenes lánguidos fingen ante las cámaras que son jóvenes y lánguidos. La secuencia atrae las miradas de los veloces transeúntes. Cuando llega Jordi, la actuación ya ha acabado. Le veo muy bien, teniendo en cuenta todos los frentes que le asedian. Sus New Balance hoy parecen guiar el paso de un hombre más joven.

RH. He estado releyendo *La elección del camino*, tu texto de ingreso en la Academia de Bellas Artes. Cuando dices que no sabes escribir, te conozco y sé que lo dices con humildad sincera, pero desde luego, Jordi, sabes escribir y muy bien, con una gran carga de profundidad. No es un mero halago. El texto está ahí para que lo lea quien quiera y juzgue.

Sucede con tu escritura algo que también le ocurre a tu pintura y de lo que ya hemos hablado. Parece no encajar en lo que se espera del arte español. Podría decirse que esto es muy antiguo, que ya no se espera que nuestro arte sea gestual, apasionado, oscuro, pero me temo que, de cara al exterior, el estereotipo sigue funcionando en el ámbito del mercado. Pero está claro que España ha dado muchos pintores «no españoles», por así decir. Creo que obras como la tuya o la de Palazuelo tienen un lugar ambiguo, pero quizás, tal vez por ello, eminente.

En la España contemporánea hemos tenido artistas que han sido también muy buenos escritores, de hecho, el estilo literario de cada uno está en una muy íntima relación con la obra pictórica. Se me ocurren los ejemplos de Millares, Saura, cuya escritura contiene el trazo contundente de lo vital, pero también son españoles Palazuelo, cuya escritura es mistérica, silente, sin pasión, pero subterráneamente extasiada, y tus escritos, por supuesto, están construidos desde la argumentación lógica para desembocar, casi siempre, en lo ausente, en lo indecible, tal y como refieres al hablar de la idea, para mí fundamental, de bodegón vacío.

Y justo, al decir «bodegón vacío», llega el camarero, bandeja en mano y dice: «¿Croissant?». «Sí, para mí», responde Jordi. «Y los dos cafés por aquí». Así, nuestra mesa, que era un bodegón vacío, acaba de llenarse de utilidades de almuerzo. Continuamos ya con los suministros. Mientras Jordi da cuenta de su desayuno, el mío debe esperar en la mesa del bodegón, porque yo sigo hablando sobre la *Elección del camino*.

RH.   Me gustaría que me hablaras un poco de los tres académicos, y artistas, que fueron tus padrinos de ingreso en la Academia, y que fueron Carmen Laffón, que, siendo figurativa, *a priori* no tiene mucho que ver con tu pintura, Luis Feito, que tampoco en cuanto es un pintor muy gestual y orientalizante, y Gustavo Torner, de quien ya hemos hablado.

JT.   Se trata del espíritu y de la manera de entender el arte y la preocupación social de ser artista, y las obligaciones y deberes que como artista pueden generarte si eres comprometido.
Carmen Laffón es una pintura que no tiene nada que ver en el aspecto aparente y visual con lo que yo hago, pero es una artista que tiene muchísimas más connotaciones conmigo que pudiera tener a lo mejor un pintor geométrico. La manera cómo se plantea la pintura Carmen Laffón es muy parecida a la mía. No cómo se ejecuta, sino cómo se plantea el ser pintor. De hecho, los últimos cuadros de Carmen Laffón, la serie de *Los Cotos* y la serie de *Las Salinas* son cuadros que siento muy próximos, que se pueden relacionar muy bien con mi propia pintura.
En el caso de Torner ya hemos hablado. Muchas ideas y conceptos del arte los aprendo con él, aunque luego yo sigo un camino diferente. Es un hombre que me ha influido en la manera de ver y apreciar el arte.
En cuanto a Luis Feito, que había formado parte de El Paso, fue un compañero y un colega que tenía un gran prestigio y

ese prestigio sirvió para que mi candidatura a la Academia fuera considerada con atención y respeto.

RH.   Entiendo. Citas también a Francisco Lozano, profesor de la Academia de Bellas Artes de Valencia. A pesar de que el ambiente general valenciano en general y, particularmente, el de la Escuela de Bellas Artes era más bien anticuado y conservador, recuerdas el nombre de aquel profesor en tu lección de ingreso. Es un gesto de gratitud muy hermoso, pero además parece sugerir que, incluso en aquel desierto había personas que, como un oasis, saciaban un poco la sed de los más jóvenes inquietos y avanzados.

JT.   Era un pintor, paisajista, un hombre de una categoría intelectual enorme. Había pertenecido al grupo de la Academia Breve de Eugenio D'ors. Hacía una pintura muy digna e interesante y que entendía perfectamente a aquellos que íbamos por un camino de ruptura y de modernidad. Nos entendía y nos apoyaba. Él, junto con Alfonso Roig, eran los únicos profesores con los que teníamos cierta afinidad a la hora de entender lo que era el arte moderno.

RH.   Eran tiempos difíciles de imaginar hoy porque algunos de sus protagonistas encajan difícilmente en lo que se espera que habrían de ser maestros de la modernidad pictórica incipiente. Acabas de nombrar a Alfonso Roig, quien, a pesar de su marcado carácter clerical, era alguien que había trabado amistad con la mujer de Kandinsky en París. Aquel sacerdote tuvo como alumnos nada menos que a Eusebio Sempere, a Manuel Hernández Mompó, a Andreu Alfaro, a Manolo Valdés. Pero me interesa señalar lo difícil que se hace para alguien de mi generación imaginar la primera juventud de tu generación en manos de aquellos sacerdotes un poco híbridos entre el Régimen y la modernidad, en el mejor de los casos, de los dos casos de que hablamos (Lozano y Roig), pues ya sé que en general los otros maestros no eran ni híbridos, eran directamente del mesozoico clericalista. Sin embargo, Roig había cosechado una buena colección de arte contemporáneo español e internacional. A su muerte donó a Valencia obras nada menos que de Picasso, Vasarely, Julio González, Millares. De aquellos jóvenes de entonces, ¿con quién más coincidiste tú en la escuela de que no hayamos hablado?

JT. Ya sabes, coincidí con Yturralde, con Juan Antonio Toledo (después parte del Equipo Crónica) con Javier Calvo. Fuimos una generación de cierto interés.

RH. Desde luego. Todos, cada uno a su manera, claro, pero todos habéis seguido un itinerario fijo hacia la modernidad, desde la ruptura con un ambiente irrespirable del que anhelabais escapar o destruir. Por eso me gusta tanto una afirmación tuya de la que ya hemos hablado en otras ocasiones, porque en ella se sintetiza algo que debía de estar de manera impensada ya en la actitud ante la pintura del joven Jordi Teixidor. Me refiero a tu frase: «Cuando se elige experimentar una estética, es una ética lo que se elige». (En el programa para TVE2 ya hablamos de esta cuestión). Y luego, con prudencia, añades: «O quizás sea lo contrario». Cuando asumes la abstracción, desde tus inicios ya has elegido una actitud vital, un modo de comportamiento, unos valores. Sin embargo, esto no es nada evidente por sí mismo. La sola contemplación de una obra abstracta no refiere de suyo a ningún componente moral. Por eso, a pesar de cuanto dicen ciertos críticos del arte abstracto, es imprescindible el conocimiento de «el quién», del artista. Esa correlación de dependencia entre el objeto y el artista es muy necesaria, añade valor a la obra (incluso me atrevería a decir que también al artista). La exégesis, la hermenéutica, la dependencia de la palabra creo que no debilita, sino que enriquece el arte, lo dota de una cierta nobleza subjetiva y comunitaria. El arte figurativo quizás no necesita una moral de autor, es decir, una explicación subjetiva que lo sostenga, pero no porque no lo necesite en sí mismo, sino porque cuenta con una forma generalmente compartida de mirar el mundo, basada en la representación y sus normas. El pintor abstracto debe construir su mundo moral, y defenderlo con su obra y con una trayectoria, porque no cuenta con la ventaja de una forma generalmente compartida de comprender la representación como sí la disfruta el arte figurativo, si es que se puede compartir una cosa así, en el fondo tan vulgar. Mas por otro lado el artista abstracto puede muy bien desdeñar cualquier aspecto hermenéutico acerca de su obra y de sí mismo, hasta el punto de establecer la absoluta falta de necesidad ética en la acción pictórica. Por eso, te decía que no es evidente tu afirmación, que para mí es el lema de tu pintura.

JT.   Es que no me importa que no sea evidente. Nunca me importó y no me importa hoy. Y, además, me parece mal que un artista abstracto no considere la dimensión ética que hay en el fondo de esta manera de acercar y hacer pintura. Debe haber un posicionamiento en el arte. El pintor debe tener una conducta ética. Por ejemplo, el expresionismo abstracto de los pintores de El Paso tiene una coherencia ética.

RH.   Cierto.

JT.   Porque están actuando de una manera que responde a un acto de queja, de expresión contra una situación política que están viviendo y contiene el reclamo de una cultura que se les niega. Carmen Laffón, por ejemplo, hace una pintura tradicional, en el mundo de la estética del paisaje con referencias culturales exquisitas a Andalucía, de la tradición del paisaje, pero de «su» paisaje, el paisaje que vive. Porque el paisaje es el que tú miras como pintor, no el que está, y en ese sentido Carmen sabe mirar ese paisaje, de manera que al final no hace un paisaje andaluz, sino un paisaje de Carmen Laffón. Del mismo modo que, desde otra perspectiva y época completamente distinta, Kokoschka hace una serie de paisajes expresionistas que no están muy alejados de retratos de personajes de aquel momento y además estos paisajes contienen cierta relación con la tradición trágica de lo que era o iba a ser Europa. Por tanto, en casos de pintores con estilos muy diferentes se aprecia que, al elegir experimentar una estética, es una ética lo que se elige. Sí debe haber una relación ética entre el hacer y el expresarse. Por ejemplo, en el realismo español, el más obviamente comprometido de todos sería Cristino de Vera, o incluso antes, pintores como Benjamín Palencia y Ortega Muñoz. En el realismo español de ahora a mí me parece que la pintura de Antonio López no aspira a responder a una autenticidad del quehacer con el tiempo en el que se está haciendo. No quiero decir que tengas que ser confesional, pero sí tienes que ser testigo de lo que tú estás queriendo decir, de lo que tú estás queriendo expresar. El Equipo Crónica es totalmente coherente en sus planteamientos, Antonio Saura lo es, Bacon lo es (aunque tiene trucos), más lo es Lucian Freud todavía. Me refiero a ese tipo de coherencia ética. Anselm Kiefer, que está pintando la Alemania de Hitler con sus paisajes dramáticos, transforma la tradición de los grandes paisajes románticos alemanes en testigos dramáticos y testimonio de un país devastado. Por ahí va mi idea estético-ética.

RH. Me parece muy interesante tu reflexión. Hay también como una necesidad de estar alerta respecto de los propios prejuicios que inevitablemente determinan nuestra relación con la obra, tanto como creadores como espectadores. Siempre existe el peligro de confundir vacuidad con profundidad, especialmente en este tipo de arte que no se apoya en las formas figurativas de representación, siempre dependientes de la idea platónica de copia e imitación de la realidad, a la que nuestra cultura occidental está tan acostumbrada e inevitablemente sometida, porque forma parte estructural de nuestra civilización. Tu reflexión es interesante porque pones el acento, sobre todo en que es más peligroso caer en las tentaciones de la representación figurativa como si ahí hubiera siempre una imitación de la realidad con valor, quiero decir, con algún valor estético y moral. Desde luego que el arte no tiene la obligación de ser panfletario ni confesional, como dices tú. Eso me parece claro. El arte existe como la rosa de Silesius. Acuérdate del célebre poema tantas veces traído: *La rosa es sin porqué; florece porque florece, no se fija en sí misma, no pregunta si se la ve.* Pero hasta cierto punto, porque el arte siempre se pregunta si se le ve. Surge porque sí, sin necesidad de legitimarse éticamente; surge por derecho propio, pero luego regresa a sí mismo, se fija en sí mismo, se pregunta siempre por sí mismo, una y otra vez. Y aquí es donde se juega la baza ética tan importante que tú dices y yo, en mi trabajo, comparto claramente. Lo que dices refuerza, sin duda, el estatus de la pintura abstracta, así como una cierta forma no tramposa, ventajista, de pintura figurativa. En ese sentido, creo que se debe estar alerta para no caer en la trampa de la abstracción, confundiendo retórica con profundidad, pero, sobre todo, se debe estar muy alerta para no caer en las trampas de la figuración, en el sentido de que, en ningún caso, se debe dar por supuesto que la pintura figurativa tiene algún compromiso con la realidad.

JT. Yo creo que ese tipo de pintura figurativa vacua es una torpeza mental. No basta con ser figurativo y tener el prurito de decir «es que he pintado lo que veo». Es que no tienes que pintar lo que ves. No tienes que pintar lo que ves. Tienes que pintar a partir de lo que ves otra cosa. Porque si me vuelves a pintar una manzana, pues me quedo igual. Ya hemos hablado de la manzana de Cézanne. Pinta una fruta como concepto de algo que no es nada, pero que provoca la posibilidad de hacer una pintura. Cézanne no ve una manzana, es pintura lo que ve. Hace el recorrido al revés. De la manzana extrae las conclusiones de una pintura y no al revés, de la pintura sacar las conclusiones de una manzana.

Cuando Monet está pintando *El jardín de Giverny*, está pintando de tal manera «su» jardín, que acaba desviando el río para crear un jardín que pueda justificar la pintura. Yo creo que aquella fue la primera obra conceptual o de *land art* de la historia de la pintura: el desvío del río de *El jardín de Giverny* con un claro objetivo de intervención artística. Monet pide permiso al ayuntamiento para desviar el cauce del río en una determinada forma que permitiera a los nenúfares y plantas surgir conforme a lo que necesitaba la pintura.

Hoy Jordi habla de un modo más beligerante y firme. Por ello, después de darle un sorbo al café que nos permita una pequeña pausa a modo de carrerilla, le digo de nuevo que en el libro saldrá solo lo que él quiera que salga de cuanto dice. Ambos estamos comprometidos a responsabilizarnos de nuestras opiniones finalmente publicadas. Pero él insiste en que le da igual. Ambos nos hemos planteado esta larga conversación como un ejercicio de pensamiento franco y sincero, sin ánimo hiriente.

Una vez reposa la taza sobre la mesa, el bodegón va quedando algo más desequilibrado. Estamos en medio de un bodegón desordenado, en el que han desaparecido algunos detalles fundamentales para el pintor: el vaho del café, el croissant, el orden establecido por el camarero. Estamos frente a un bodegón im-pintable, pero a la vez, estamos en medio de una acción pictórico-filosófica que, impensadamente, acaba de configurar una nueva realidad sobre la mesa: el bodegón semivacío, el bodegón camino de desaparecer, el bodegón desvanecido en medio de nuestras palabras.

RH.   En todos los órdenes siempre existe la necesidad del habla, incluso como negación. Tú y yo hablamos, a menudo, sobre el silencio, aunque no lo ejercemos cuando nos vemos, claro está, y menos en estos encuentros. Feito no era muy dado a la especulación; Canogar, por ejemplo, que tampoco ha querido nunca ser un teórico de la pintura, considera que «un poco» se debe hablar de pintura cuando uno es pintor. No basta la pintura, aunque la pintura se baste a sí misma.

Solemos dar por supuesto que el habla aspira a dotar de sentido tanto a quien la emite como a cuanto circunda. Pero no es así siempre; esto se sabe desde la antigüedad: existe un habla del sinsentido, dadá, como existe un habla que no quiere ser lenguaje referencial. Todo esto tiene mucho que ver con cuanto ya hemos hablado, y sobre la cuestión de la relación entre estética y ética, que en el fondo es siempre una cuestión sobre la libertad. Creo que este punto es muy importante: la libertad como motor, pero también destino del arte, como exigencia, como condición de posibilidad. Se puede ser un gran artista en condiciones sociales dictatoriales, incluso siendo un esclavo o un siervo de la gleba. Esto es evidente, históricamente obvio. Pero en el acto de crear, tanto si es por encargo o por una pulsión interior, se abre siempre una sima que por muy pequeña que sea, una sima que, aunque no sea más que una rendija de otra posibilidad, está ahí como liberación. Igual que en el habla existe siempre la posibilidad de una desviación que puede llevar a una significación alternativa, incluso a un destino de elipsis feroz, de silencio. Y aquí es donde quiero llegar: a la necesidad de diferenciar el silencio como libertad y ese otro silencio que debiera llamarse más bien silenciamiento, por ser una situación de violencia. En alguna ocasión, tú has recordado esta situación que se padeció durante el Régimen haciéndote eco de las palabras de José Vela Zanetti al regresar a España tras el exilio: «Temo enfermar de silencio».

JT.   Para mí el silencio es la posibilidad de que exista una sonoridad. La capacidad del silencio es la capacidad de la posible sonoridad, de la posible voz. Esto estaría dentro de la visión de la nada, de la que a veces hemos hablado tú y yo. La nada es el gran descubrimiento del siglo XX. En la medida en que existe la nada, existe la posibilidad de que exista algo. Del mismo modo que la existencia de la negación hace posible la existencia de la afirmación, del reconocimiento del algo. Y el silencio es la gran sala sobre la cual puede explayarse el artista, el poeta, no digamos el músico.

RH.   Yo añadiría el filósofo considerado como un poeta de la verdad y, por tanto, abocado al silencio escritural y bendecido por la necesidad del diálogo del amigo con el amigo, hecho más de elipsis que de largos mitos. En todo caso, el filósofo como poeta de la verdad apenas puede hacer más que dedicarse a narrar y escuchar la forma viva en que el mitologema común de la verdad se expresa en cada ocasión en que él lo emite o en que él lo escucha. Esta vieja lección platónica se activa entre ciertos pintores contemporáneos y es quizás un recorrido al que está predestinando la forma de comprender la filosofía como poesía de la verdad. De ti dijo Torner que «es difícil hablar de una obra y de un artista que ama el silencio».

JT.　He tenido pudor de superar el silencio. He tenido (y sigo teniendo) inseguridad y esa inseguridad me ha hecho estar atento a lo que se decía y había. Hubo un silenciamiento, como tú dices, pero también un silencio determinado por cierta suerte. Imagina un chico que viene de Valencia y de pronto se encuentra rodeado de Sempere, Chillida, Torner, Rueda, Saura, Millares y yo lo único que quería era oír, oír y oír, escucharles todo el tiempo. De hecho, recuerdo que cuando volvía a Valencia en el último Talgo, que tardaba varias horas, iba tomando notas de todo cuanto había escuchado en las conversaciones.

RH.　¿Conservas esas notas?

JT.　No. He sido muy malo guardando este tipo de material. Todo aquel silencio estaba hecho de libertad, de aprendizaje. Era tanto y tan intenso lo que decían que se me quedaba todo en la cabeza como una única cosa y se transformaba en mi cabeza en algo mío. Aprendí de ellos, sobre todo en su manera de mirar, de escudriñar cada obra. Yo, por ejemplo, nunca leo las cartelas. Puedo mirarlas después, si a lo mejor no sé quién es el pintor o algo. Pero desde luego, nunca me importa el título como descripción del cuadro. Que si *Dafne perseguida* o *Dánae no sé qué*. Ni siquiera las fechas miro. No es por falta de consideración, pero no las leo. No lo necesito.

RH.　A mí no me suele importar la historia que está detrás de la pintura o que le da origen. Ya hablamos el otro día de *Argos y Mercurio*. Sin embargo, la fecha sí me importa. Me parece relevante la referencia epocal y personal en que surge la obra, o si tardó muchos años en pintarla, si la aparcó durante décadas. En fin, el *tempo* de gestación y nacimiento de la pintura me importa. Tú mismo lo has señalado muchas veces en *Porte-Fenêtre*, de

Matisse, que ocultó toda la vida. Ese tiempo de surgimiento y ocultación es importante.

JT.   En ese caso sí es importante, pero en general, no miro nunca las cartelas.

RH.   ¿Y qué decían de tu obra ellos, tus maestros informales de Cuenca?

JT.   Bueno, yo era muy joven, era una etapa muy incipiente. Ellos entendían que era prometedor. A veces sí que intervenía en los diálogos y me hacían sentir que era respetado, al menos como un chaval tan joven como era yo entonces, entre pintores con tanta trayectoria. Recuerdo (lo he contado alguna vez) la primera vez que fuimos a ver a Gustavo Torner que nos dijo que solo podíamos estar veinte minutos, pero al final nos marchamos a las tres de la mañana. Aquella noche primera se habló de muchas cosas, pero se habló de tres que recuerdo perfectamente: de Jorge Luis Borges, de Antoni Tapies y de Teilhard de Chardin. Y debió de llamarles la atención que yo conociera a Chardin y hablara con ellos de cuestiones filosófico-teológicas. O, por ejemplo, yo conocía la profunda huella que un texto como *Abstraktion* de Romano Guardini había causa en Mies van der Rohe, y podía participar en la conversación, a pesar de mi juventud. Yo había leído muchísimo. Eso les sorprendía.

RH.   Habías leído mucho y escuchado mucho. Insistiendo ahora en la escucha. Tu relación con la música es fundamental.

JT.   Musicalmente soy un desastre. Tengo un oído fatal. Pero había leído también sobre música. Conocía bien la obra de Adolfo Salazar sobre música española. Tenía varias biografías de Stravinski, libros sobre Arnold Schönberg... Por pura inquietud.

RH.   Que mantienes.

JT.   Antes Miguel Álvarez Fernández afirmaba que mi pintura es conceptual. En lo último que ha escrito sobre mí (para el catálogo de Cuenca) por el contrario, me relaciona con la música. Afirma que mis «escritos» hechos a rayas podrían traducirse a música perfectamente. Y concluye preguntándose para cuándo una partitura que no se pueda tocar. Y esto evoca mi insistencia en llegar a la no-pintura, al no-cuadro.

RH. Es una perspectiva muy interesante la de Álvarez Fernández. El fértil silencio de lo que se muestra, como el *Logos* de Heráclito, como el negro de Malévich, que en su evidencia fáctica es como si no se pudiera pintar, como algo impintable de tan evidente, de tanto mostrarse sin más. Yo no sé si tu pintura es conceptual, musical, geométrica; no soy crítico. Sí tengo la sensación de que es una pintura muy vinculada a lo escritural, ya digo, tanto como palabra como silencio, es una pintura que se «muestra» filosófica.

JT. Lo que sé es que me mueve siempre una inquietud. Yo reconozco mis límites y esto me mueve a hacer un esfuerzo muy grande por aprender, e insistir una y otra vez. Creo que hay cosas que no llego a captar. Otras las he ido captando con los años. Hace años que empecé a interesarme por Heidegger. No lo leía directamente porque no me atrevía. Lo leía a través de otros, a través de Gadamer, por ejemplo. Pero ahora sí me atrevo a leerlo y creo que he captado su esencia (nunca mejor dicho): entiendo lo que significa y es el ser y el estar aquí. Son conceptos que me han traspasado, que los llevo en mí de algún modo que no sé si sería místico.

RH. Leer a Heidegger es siempre difícil, a veces desesperante. Es muy difícil penetrar en su vocabulario. Hay en su escritura una especie de voluntad de oscuridad, de esoterismo conceptual. Por otro lado, te describes a ti mismo como lo hacía Sócrates: como una persona que apenas sabe, pero tiene un empeño continuo por indagar, comprender y aprender de los otros. Forma parte de un carácter sabio el conocimiento de los propios límites y la expresión sincera de los mismos, esté atravesada de ironía pública o de fértil confesión ante los iguales.

Estamos recorriendo caminos vitales, creativos e intelectuales inversos, que se han juntado en un punto, en este punto en el que ahora estamos conversando. Tú has ido de la pintura a la filosofía y yo justo al revés, de la filosofía a la pintura. Mi experiencia me dice que ante una tela en blanco, armado de un pincel, o conversando con ciertos pintores, se adquiere un conocimiento muy revelador de ciertas cosas que no se logra nunca captar a través de la filosofía. Seguramente es una cuestión de agotamiento, de abulia respecto la rigurosidad escritural de la filosofía. Este escepticismo militante acerca de la escritura filosófica me lleva a considerar que tu obra no necesita a Heidegger. Entiendo que el hombre Jordi Teixidor se halla en un punto diferente, en donde el filósofo se integra en la obra pictórica de toda una vida.

EXCURSUS

Desde que leí *La elección del camino*, siempre me ha recorrido por la cabeza el impulso de escribir una pequeña nota sobre Heidegger en Teixidor. Pero no he visto el modo de encauzar esta pulsión hermenéutica. Ahora, revisando el primer borrador de nuestras conversaciones, me doy cuenta de que aquí y allá hay un cierto aire heideggeriano a nuestro alrededor que se mezcla con el límpido aroma de los Rilke, Juan de la Cruz, Wittgenstein o Michelstaedter. Por eso, creo necesario hacer una breve parada en el camino del diálogo, para intentar destilar un poco ese elemento heideggeriano que nos envuelve, a través del siguiente texto, después del cual continúa el diálogo.

JORDI TEIXIDOR Y MARTIN HEIDEGGER

Heidegger afirma en *El origen de la obra de arte* que la esencia de algo está en su origen. Yo no lo creo. Yo considero que la esencia de algo, si algo tiene esencia, está tanto en el origen como en su destino, no en sentido providencial (fatal o venturoso), sino azaroso y circunstancial, como la piedra que por fuerza se erosiona, pero siempre en un vaivén azaroso. Ya sabemos lo que pasa en política cuando nos ponen la esencia en el origen; que terminamos matando por la patria. En el fondo, Heidegger no hace más que reeditar el falso mito platónico que el filósofo se ve forzado a contar a los súbditos para que obedezcan, a saber: que todos son hijos de la tierra porque sus predecesores nacieron de la tierra que ellos pisan. El origen de la ciudad ancla así en el terreno.

Dejando (por el momento) a un lado estas resonancias sanguinarias y heroicas de la esencia en el origen, y centrándonos en la obra de un pintor profundo, un pintor que es a la vez filósofo, diremos que en Teixidor la esencia es de carácter ético porque su pintura nace, tiene su origen en una decisión ética y no de otro modo. Si hemos de hablar con Heidegger, no por gusto propio, sino por necesidad teixidoriana (pues el pintor afirma el papel decisivo del alemán en su obra), hemos de asumir el punto de partida: «La pregunta por el origen de la obra de arte pregunta por la fuente de su esencia». En el caso que nos ocupa, es fácil afirmar que la pregunta por el origen de la obra de arte de Teixidor pregunta por la fuente de su esencia. Y ya se ha respondido: su esencia es una elección ética originaria que ha perdurado como destino. En Teixidor origen y destino parece que se van acoplando. Se cumpliría en el pintor la afirmación heideggeriana de que en el origen está la esencia, pero no porque sea verdad, sino porque en el caso del pintor dicha esencia se ha mantenido incólume como destino: Teixidor ha logrado hacer un destino del origen esencial de su pintura. Me cuesta muy poco comprender el caso «Teixidor» porque conozco esa experiencia imperiosa de ver enseñorearse el origen *in medias res*, de ver la esencia originaria de mi vocación filosófica abriéndose paso silentemente en cada trazo de mi propia pintura, mi vida secreta de pintor o, mejor dicho, no de pintor sino de filósofo-otro.

El sobreañadido que el arte impone al carácter de cosa de la obra de arte, Heidegger lo encuentra en la alegoría y el símbolo, es decir, en el poder para decir «públicamente» algo más de lo que es como cosa (alegoría) y de portar algo más de lo que porta como cosa (símbolo).

Valdrá la pena detenerse un poco en la etimología de símbolo (σύμβολον). Para empezar, símbolo tiene un sentido material y un sentido figurado. La palabra se compone de la partícula «σύν-» [«sin»], que se traduce por «con», «conjuntamente», más el verbo «Βάλλω» [«Ballo»], que se traduce por «lanzar», «arrojar», «tirar». El sentido material de símbolo, es decir, el símbolo-materia significaría «arrojar juntos», «lanzar juntos». El sentido figurado de símbolo, es decir, el símbolo-esencia sería algo así como infundir un sentimiento compartido. Este último sentido es lo propio del arte como sobreañadido a su estatus primigenio de cosa: es símbolo-alegoría: un arrojarse juntos en torno a un sentimiento infundido por la obra.

No seré yo quien ponga en tela de juicio la grandeza de Heidegger, pero siempre me ha costado seguirle, porque, de principio, carezco absolutamente de intuición para captar la experiencia originaria griega que quizás solo él ha sido capaz de captar y comprender, tal vez porque es más bien una experiencia originaria heideggeriana. Es cierto que su pensamiento siempre me inspira cierta prevención. Siempre me parece que hay un detritus de violencia sobre el fondo ubérrimo de su pensamiento. En la cuestión del arte, me genera desaliento que la obra de arte conmueva al conjunto de seres humanos que se ven afectados por ella de un modo paralelo a la retórica del líder, cuyas palabras son siempre algo más que su significado, en la medida en que el carisma impele a un arrojarse juntos en torno a un sentimiento infundido por la palabra. No veo por ningún lado a un espectador libre, que se puede desenmarañar del juego simbólico-alegórico cuando la cosa se pone seria, es decir, cuando el arrojarse juntos se transforma en literalidad.

Yo a Heidegger lo veo más cerca de las botas y de la labradora que del célebre cuadro de Van Gogh. La fiabilidad del mundo la halla en las botas de una labradora. También podemos ver al sátiro dentro del filósofo que se oculta en la retórica de la *aletheia* y la *poiesis*, así hacernos creer que es en Van Gogh, en el artista, en donde se des-oculta y hace aparecer una verdad que hay en la cosa que no es utensilio ni artefacto. Yo prefiero decir que la obra de arte «muestra», acompañando a Wittgenstein. El austríaco me parece más en consonancia con ese mundo de lo místico que se encuentra en Carlo Michelstaedter en forma de persuasión. Y sobre todo creo que Heidegger, que inspira a Jordi, adquiere su grandeza mejor (sin turbiedad sospechosa alguna) cuando el pintor lo cruza en su camino con Juan de la Cruz, quien ya dijo todo en castellano (sin la experiencia originaria griega, con la experiencia originaria castellana del judeoconverso), dijo todo sobre el camino y el dejar mostrarse a la verdad, el desocultar el velo veraz que encubren las cosas. Ahí, en ese Heidegger atemperado, creo que Jordi Teixidor depotencia al filósofo, lo domestica. Entonces el pintor se hace pájaro solitario. Escribió Juan de la Cruz en sus *Dichos de Luz y Amor*: «Las condiciones del pájaro solitario son cinco: la primera, que se va a lo más alto; la segunda, que no sufre compañía, aunque sea de su naturaleza; la tercera, que pone el pico al aire; la cuarta, que no tiene determinado color; la quinta, que canta suavemente».

El pájaro solitario alza el vuelo con la esperanza de ser escuchado por un ángel que se desprenda del coro que lo retiene. Somos quizás pájaros solitarios que cantan al aire, cada uno su melodía, para que se la lleve el aire al corazón de un texto imposible, como es este, en donde el pintor ama la filosofía y como filósofo nos habla, y el filósofo ama la pintura y como pintor calla. Anhela el ave abrazarse a su ángel, llegar a lo más alto, al silencio, camino solitario, y de despedida.

[Fin del Excursus. A partir de aquí, se retoma la conversación].

JT.   Yo en un cuadro nunca voy con una posición de lo que quiero. Sí por aproximación. A lo largo del trayecto que hace que el cuadro sea, van apareciendo las cosas que finalmente son. Es decir, que yo voy recorriendo el camino. A medida que hago el cuadro, voy encontrando cosas que me dicen sí, que sé que estaban previstas, y entran, y me encuentro otras que no lo estaban, que quieren entrar, pero que no entran porque no están previstas ni tienen lugar. Al final, cuando llego al cuadro y lo doy por terminado, es más de lo que yo creía que iba a ser. Esto se produce por circunstancias imprevistas que me han ayudado para que sea. Por eso estoy siempre muy atento al error, a captar el error, que suele estar oculto. Y me digo: «A santo de qué vas a poner esto. A santo de qué te vas a deleitar en un color».

RH.   Ahora que dices esto, el otro día te dije por teléfono que estaba barajando un título provisional para este diálogo por etapas que nos traemos entre manos.

JT.   Ah, sí. Dime.

RH.   Fue algo que dijiste tú: «¡Abajo el color!».

Jordi ríe ante la propuesta, como un joven que recuerda una boutade propia que, en el fondo, él y yo sabemos que no lo es. Aun riendo, concluye:

JT.   Está muy bien.

RH.   Sí. Es broma. Sin embargo, creo que esta expresión vocativa tuya define muy bien esta conversación: «¡Abajo el color!». Del mismo modo que tú conoces los peligros seductores del color, y conoces el modo de resistirlos, como Ulises ante las sirenas, la filosofía tiene también el poder seductor de sus conceptos, de los que yo huyo como de la peste, intento detenerlos. Donde tú pondrías ausencia de color, yo pondría ausencia de conceptos. Por eso, al final, «¡Abajo el color!» es congruente con proclamar ante la filosofía «¡Abajo el concepto!». Todo ello desemboca en ese otro gran tema que nos ronda siempre: el silencio. La buena filosofía prescinde de la escritura. Esto es correlativo a tu afirmación de que la buena pintura no tiene color. Esto hace que tu serie negra ocupe un lugar único en la pintura española contemporánea.

JT.   Estoy de acuerdo con lo que dices. Es difícil deducir todo esto que dices de mi pintura, sobre todo para aquellos que no habitan estos terrenos, es difícil, pero está ahí. Es necesario añadir a todo este análisis la cuestión de la proporción. Yo creo que tengo una visión de la escala casi siempre correcta, que no es nada más que una intuición educada en la acción. Solo mido cuando tengo que encargar el bastidor. La proporción es algo que me viene instintivamente como consecuencia precisamente de eso que tú estás diciendo sobre el no-color y el silencio.

RH.   Tus cuadros no tienen medidas exactas, sino una armonía exacta. Por ejemplo, un cuadro como este [señalo uno de los cuadros del catálogo de sus pinturas negras]. Es un cuadro musical. Este punto, por ejemplo, si lo quitas, el cuadro se destroza, se cae.

JT.   En eso tienes toda la razón. Me cuesta mucho decidir cuando tengo que hacer eso. Lo hago con trucos, como poner un papel, quitarlo, ver el lugar donde debe ir, la proporción, la forma, longitud… Me cuesta, pero a la vez me siento seguro haciéndolo. Sé que tomo la decisión adecuada. Y no siempre ha sido así. Por ejemplo, en Nueva York no pinté muy bien. De hecho, de los treinta y tantos cuadros que hice, destruí más de veinte. Solo quedan diez de aquella época.

Yo entonces me encontraba…, cómo te diría… mi hija estaba enferma, yo vivía solo en Nueva York, no conocía bien el idioma. Me salvaba que iba todas las tardes al MoMA o al Frick Collection, siempre a algún museo. Pero pintar, lo que es pintar, pinté bastante mal. En aquella época me acerqué a elementos que no me gustan en pintura, pero lo hice para intentar ganar algo de seguridad. Me acerqué a aspectos de la naturaleza. Gestos, colores, líneas asumieron un parentesco con la naturaleza, ya fuera un follaje, un río… Fue una etapa de catarsis, de limpieza de todo aquello en que me sentía enfangado en Nueva York. Psicológicamente estaba muy mal. Comencé terapia psicoanalítica. Algunos de aquellos cuadros me gustan, porque tenía cierta gracia el gesto, pero a la mayoría los he repudiado y no he permitido casi nunca que se expusieran. Curiosamente en Valencia aquellos cuadros tuvieron mucho éxito y se vendieron casi todos.

RH.   Hay muy pocas, mínimas referencias naturales en tu pintura. La más sobresaliente es la serie de *El Contemplado*, inspirada en el poemario de Salinas. El título de la pintura, paradójicamente, no refiere al paisaje, con el fin quizás de no hacer una evidente relación entre título y obra al modo figurativo. El título da un contenido conceptual y ambiguo a esa especie de marinas abstractas que conforman la serie.

JT.   Hice una serie de siete u ocho cuadros con ese tema. Era una estructura horizontal, con una franja más ancha que pudiera semejar una orilla o algo así. Gustaron bastante. De hecho, la serie entera la compró la Fundación Juan March. Pero yo no estaba muy a gusto con ello y lo fui dejando a principios de los años 90, cuando empecé a hacer lo que luego ha sido el desarrollo de formas vacías, formas de estructura de la ventana, un espacio con dos laterales. Entré ya en el terreno de la *Porte-Fenêtre*, de las referencias espaciales a lo Matisse, a Barnett Newman. Pero esa etapa del paisaje es la que menos me gusta de las mías.

RH.   Esto confirma que tu decisión por la abstracción fue siempre una decisión moral. Me refiero al hecho de abandonar un camino que tuvo buena acogida de público e institucional, un camino que tú mismo habías abierto y que habría sido más cómodo seguir, más exitoso, en cierto sentido. Sin embargo, lo abandonaste y aseguras retrospectivamente que es el que menos te gusta de tu trayectoria. Yo no estoy de acuerdo contigo. Creo que esa serie es muy hermosa, es muy bella, en un sentido de belleza sin concesiones sentimentales. Es una serie de una belleza sintética, quizás menos austera que tu pintura posterior, es cierto, quizás con menos hondura, no lo sé. Sin embargo, creo que no hay ahí concesiones a la figuración, sino en un modo muy superficial. Enseguida que uno se adentra en *El Contemplado*, emerge el concepto y la forma abandona la referencialidad empírica del primer vistazo.

JT.   Se vendía bastante, como te digo, tuvo mucho éxito. Era una pintura agradable, bonita, moderna. En una exposición en Valencia se vendió todo.

RH.   Y abandonas ese camino.

JT.   Y lo fui abandonando poco a poco, sí. Me daba cuenta de que yo no iba por ahí. Al mismo tiempo estaba entrando en un período intelectual distinto que avalaba mi decisión interior de ir abandonando ese terreno.

RH.   *La elección del camino* iba por otro lado.

JT.   Claro.

RH.   ¿Y el psicoanálisis te funcionó?

JT.   No. No funcionó nada. En Nueva York fui a un psicoanalista, a unas sesiones para ver si podía orientarme en aquella encrucijada psicológica en la que me encontraba. Estuve cuatro meses. No me convenció. No me solucionó nada. Aprendí un poco a autoanalizarme. De hecho, hoy tengo una capacidad grande para evaluarme a mí mismo. Pero vamos, yo de psicoanálisis nada.

RH.   A mí me parece que tú no tienes ninguna capacidad para el autoengaño, no te haces trampas, esas trampas que tanto agradan el ego.

JT.   Eso es por mi educación cristiana, dura. Mis padres eran muy cristianos, muy católicos, aunque era un cristianismo moderno. Yo luego me apunté a los cristianos marxistas y mis padres jamás dijeron nada. No intervenían ni nos forzaban a ir a misa. No era una educación reaccionaria, ni conservadora. Era un cristianismo moderno, pero duro en el sentido del ejemplo de conducta de mi padre y de mi madre. Mi padre era un señor de la clase media catalana, que empieza en un banco de botones y termina de director en Valencia y con diez hijos, y por ser honesto no se hizo millonario, claro, porque, como director de banco le salieron muchos negocios de estraperlo en aquella época y mi padre siempre los rechazó. Esta conducta de justicia la aprendimos en casa. Pero comprenderás que con diez hijos mi padre fue siempre con estrecheces. Aquel rigor lo aprendimos todos los hijos.

RH.   ¿Y cómo recuerdas tu niñez?

JT.   Yo no fui muy feliz de niño. Creo que es algo generacional. Yo nací en el 41. En los años 45, 46 este tío [Franco] seguía fusilando. Yo no lo sabía, pero se sentía en el ambiente. No había luz. Había restricciones. Te compraban alguna vez un juguete de cartón, con ruedas de madera. Al cine íbamos de vez en cuando. Solo se iba a misa.

RH.   ¿Te recuerdas jugando de niño en Valencia?

JT.   Sí. Jugábamos en la calle al fútbol.

Al decir esto, hace una especie de aspavientos, como si se pusiera a hablar a alguien situado detrás de mí. Y cambiando el tono, dice:

JT.   «¡Para, para! ¡Coged el balón, que viene un coche!». Y seguíamos jugando. Cuando no íbamos al colegio, porque era domingo, había misa, y luego nos íbamos a jugar al fútbol. Al lado de donde está ahora el Mestalla. Jugábamos así, pendientes de los coches. «¡Para, para, que viene otro!». También íbamos a un cine que se llamaba San Vicente, donde las películas estaban censuradas a más no poder, pero bueno, veías a John Wayne y a los vaqueros, y nos parecía maravilloso.

No hemos parado de hablar un momento. Le noto ya cansado y, aunque me apetecería mucho preguntarle más cosas sobre su niñez, sobre su madre, reculo.

RH.   Pareces cansado, Jordi, cuando quieras lo dejamos.

JT.   Pues sí. ¿Qué hora es? Sí, estoy cansado.

RH.   Lo dejamos ya entonces.

JT.   Sí, arrastro cansancio. Me han dicho que esto de la hidrocefalia produce, aparte de torpeza motriz, cierta apatía general. Estoy un poco asustado, espero que todo salga bien.

Gira su vista hacia la derecha, hacia algo que le acaba de llamar poderosamente la atención, y exclama:

JT.   ¡Joder qué bonito cuadro!

Miro en su misma dirección. Se está refiriendo a un gran panel que cuelga en la cafetería de tonos rojizos, blanquecinos y rosados. Ambos nos reímos porque resulta ser la imagen de una enorme loncha de jamón. Es ciertamente muy bonito. La loncha parece más bien una elegante pincelada gigante, en lugar de carne en salazón. En la mirada de Jordi el jamón ya ha perdido su cualidad figurativa. Él puede no ver el jamón. Es un color perfectamente dispuesto sobre el panel de la pared que lo sustenta.

JT.   Eso lo pones en una sala de exposiciones y funciona de maravilla —dice riéndose—. Es una composición fotográfica magnífica.

Sin apenas transición, Jordi retoma el hilo anterior.

JT.   Pues sí, estoy un poco preocupado. Todo el mundo dice que tiene fácil solución, que la operación no es importante. Pero es que es agotador. Estoy detrás de esto, estoy con esto desde el mes de junio del año pasado.

RH.   Es una lucha, es mucho tiempo. Se te han abierto muchos frentes a la vez, encima.

JT.   Sí, porque encima no he podido tener el estudio. Porque yo me voy al estudio y me olvido. Y encima tuve la inundación —se ríe con resignación—. Yo decía: «A mí alguien me ha echado mal de ojo».

Ambos reímos.

JT.   Entonces, Rafa, ¿cómo quieres que hagamos? ¿Qué temas crees que nos quedarían pendientes?

RH.   ¡Uf!, los temas son infinitos. Me gustaría que habláramos de pintores, Reinhart, Rothko, Cotán, de conceptos como el de bodegón vacío, pero también de tu juventud.

JT.   Si quieres hablamos ahora sobre mi juventud.

RH.   Yo por mí perfecto, pero como estás cansado.

Pero ya no lo está. Es como si hubiera renacido tras la risa. Y le apetece seguir conversando. Así que nos ponemos manos a la lengua un ratito más.

JT.   Yo en el colegio ejercí un poco, no de líder, pero sí tuve la actitud de movilizar a otros para que hubiera cosas de cierto interés. Tenía amigos a los que les gustaba mucho leer. Leíamos mucho. De hecho, a veces nuestras salidas consistían en ir a una librería a comprar libros. Ya en la escuela de artes de San Carlos asumí un papel un poco más pretencioso. Me hice delegado de curso, pero para hacer cosas que de otro modo habría sido imposible. Como delegado hice nada menos que una exposición de Henry Moore.

RH.   ¡No me digas!

JT.   Coincidí con un personaje culto valenciano muy relacionado con el mundo anglosajón y me comentó que el British Council estaba haciendo una exposición itinerante de Henry Moore: cuatro esculturas, de tamaño medio, y quince fotografías grandes de sus obras. Me dijo si podía interesarme y le dije inmediatamente que sí. Consulté con la dirección de la escuela, que no sabía naturalmente quien era Henry Moore y me dijeron que muy bien sin saber demasiado lo que me traía entre manos. Me dejaron organizarla. Conseguimos unas telas y unas plantas y montamos la exposición en lo que ahora es El Carmen con las cuatro esculturas y las quince fotografías. Existe incluso un catálogo, que todavía conservo, que hizo el British Council.

RH.   Imagino que sería la primera exposición de Henry Moore que se hizo en Valencia y tal vez en España.

JT.   Es muy posible. Recuerdo también que invité a un profesor de universidad a impartir una conferencia sobre *Qué es literatura*, de Jean-Paul Sartre. Teníamos necesidad de hacer cosas un poco al margen. Mis compañeros en la escuela, además, eran bastante afines a mis preocupaciones. Estaban en la misma escuela gente como Rafael Solbes, Manolo Valdés y Juan Antonio Toledo, que eran igualmente inquietos, y en mí mismo curso estábamos Javier Calvo, José María Yturralde y el Grupo de Heras, que eran pintores figurativos muy vinculados al nacionalismo valenciano. Era un núcleo que duró tres años que intentó hacer cosas que activaran la Escuela en un sentido de modernidad. Montamos incluso una exposición de nuestra pintura abstracta en el Centro de Estudios Norteamericanos porque en la Escuela no teníamos espacio para expresarnos.

RH.   Pues este dato no recuerdo haberlo leído en ningún lado.

JT.   Sí, era muy al principio de todo. Todavía conservo por ahí la hojita de aquella colectiva. Cuando ya terminamos los estudios, seguimos un poco todos caminos paralelos, cada uno con su estilo e intereses, obviamente. Por una parte, estaba el Equipo Crónica, Crónica de la Realidad, que se centraban en la cuestión de la pintura social; estaba yo, que era el único abstracto «raro» junto con Yturralde en Valencia, y empezaba Carmen Calvo.

En aquellos años, además, se llevaron a cabo acontecimientos importantes: hubo dos o tres exposiciones sobre pintura-pintura, paralelo a lo que el Grupo Trama estaba haciendo en Barcelona y, por supuesto, la Bienal de Venecia del 76, donde participé. A partir de aquí fue el botón de arranque hacia la profesionalización total. Cada uno, como te decía, cogió su camino, nos empezaron a comprar obra y a ficharnos galerías. A mí me cogió la galería Vandrés y empecé a funcionar hasta que por fin me fui a Nueva York.

RH.   Con una beca de la Juan March, ¿no?

JT.   La Juan March me había dado antes una primera beca de estudios en España y luego me dio una segunda beca para ir a Nueva York.

RH.   Estando ya con Vandrés.

JT.   Sí, estando ya con Vandrés. Es cuando expongo en el Guggenheim, con la exposición de España *New Images from Spain*.

RH.   Y ¿qué tal con Vandrés?

JT.   Mmm... estuve varios años con Vandrés. Como tenía cierto nombre en aquel momento por lo del Guggenheim y otras cuestiones, como aquella ocasión en que la crítica votó mayoritariamente mi obra para una exposición que se quería programar en «la Caixa», pues había interés en mí por parte de las galerías. Sin embargo, mi pintura no ha sido nunca comercial, aunque se ha vendido y se vende. Además de Nieves Fernández [su galerista actual] solamente un galerista, que fue Machón, tuvo mucho interés en mi pintura negra y me ofreció trabajar con él. Cuando Vandrés empezó ya a dejar de funcionar, Machón me dijo que le interesaba mucho mi pintura negra. Y estuve exponiendo con él cuatro o cinco años. No he sido un artista de galería porque no he sido un artista de grandes éxitos comerciales.

RH.   Te has mantenido.

JT.   No he sido un artista que haya vendido haciendo concesiones. Me he mantenido en lo mío. Mi pintura creo que sí que es considerada, creen que hay algo, pero lo que hay, a algunos les retrae, les incomoda ese tema tan sobrio de lo negro, de transcender hacia algo, es complicado en el coleccionismo doméstico. Ponerte un cuadro todo negro con una raya en casa… a la gente no sé si le gusta. Conozco personas que los tienen, desde luego, y les gusta, pero es una minoría.

Desde el punto de vista gremial, tampoco se me ha conectado como con un aire de grupo. Se me conectaba un poco con Elena Asins y algún otro. Luego, además, se daba una circunstancia que no suele gustar mucho en el mundo del arte, y es el tema del cambio. Yo no he hecho siempre lo mismo. Respeto a mis colegas que insisten siempre en lo mismo, por supuesto, y que a base de insistir llegan a una depuración. Pero en mi trayectoria hay cambios, tengo etapas. De modo que hay gente que no identifica el estilo Teixidor y esto, en el coleccionismo es muy importante. Que alguien vea una obra y diga: «Ese es un Teixidor», «Ese es un Genovés», «Ese es un nosequé». En parte sí se puede entrever un «Teixidor», pero no siempre en mis obras se cumplen las características reconocibles que te llevan a decir «¡Ah! ¡mira!, tienes un "Teixidor"».

RH.   Y más allá de la crítica, ¿cómo dividirías tú tu obra? ¿Qué etapas establecerías?

JT.   Hay una primera etapa, que es muy buena, que es la que va desde el año 78 hasta que me voy a Nueva York, que es cuando empiezo a trabajar en la estructura de superficie, tipo *Fenêtre*. Es una etapa que me gusta mucho. Todos esos cuadros están colocados y vendidos en museos. Después vendría la ruptura de Nueva York a la que seguiría la ruptura de la vuelta de Nueva York, que son casi cinco años o seis. Yo vuelvo de Nueva York en el 81. Así que hasta diez años después no recupero realmente la confianza y el espíritu de cuanto había hecho antes de irme a Estados Unidos. A partir de entonces, hasta hoy, ha habido una continuidad, con altos y bajos, pero ha sido una continuidad. He hecho pintura y poco a poco he ido haciendo cada vez menos pintura y más arte. Perdona la pedantería. He querido hacer una pintura que fuera algo más que un cuadro, que fuera algo más que un cuadro. Hasta llegar ahora, en donde ya hay mucha depuración. Los últimos cuadros ya los conoces y ya sabes incluso a qué me refiero cuando hablo de *Fi-*

nal de partida o el cuadro que se llama *Esquela*, que tanto te gusta.

RH. Para mí tus últimas obras son las mejores de tu carrera. Son algo más que pintura, sin duda. Sobre todo me sorprende la ausencia de patetismo en estas obras finales. La ausencia de barroquismo. No hay ese espíritu de zozobra expresiva que tan bien conecta con el espectador por el efectismo. Son obras «sabias», que transmiten la tranquilidad del clásico, casi diría que son obras «socráticas» por lo que tienen de profunda distancia de todo ceremonial lóbrego, pero a la vez mantienen la serenidad debida. Encuentro en ellas la expresión de una solemne elegancia.

JT. Sí, creo que he llegado a una depuración total. Y el último cuadro de estos se llama *Suicidio*, aunque ya sabes que después esos títulos no los pongo de cara al público. Al exponerse aparecen sin título. El título queda en el secreto.

RH. Son, sin duda, obras de toda una vida. Logran eso tan difícil como es unir oficio, inspiración, racionalidad e intuición, es decir, la unión de aparentes contrarios como son razón y sensibilidad, elegancia expresiva y radicalidad existencial. Son poesía en el alto grado en que la poesía es conocimiento puro, sin más objeto que su presencia. El que estás haciendo ahora es una obra inquietante por lo que tiene de inminencia y serenidad, de acontecimiento y de nada.

JT. Ese cuadro se llamará *El ángel*. Me lo sugeriste nada más verlo, que era el ángel. Y es trágica siempre la aparición del ángel. Espero poder terminarlo.

RH. Sería fantástico poder presentar el libro de nuestras conversaciones con este cuadro presidiendo el evento.

JT. Sí, yo creo que en cuanto se me arregle lo de la mano, podré terminarlo...

Semanas atrás, Jordi se ha caído y tiene la mano vendada por una pequeña rotura. Y uno piensa que fue el ángel que, benéfico y terrible, quiso con una zancadilla retardar su convocatoria en la obra del artista.

JT.   ... podré terminarlo y, de hecho, quiero hacer una pequeña serie de variaciones, con mínimas variantes sobre *El ángel.*

RH.   Sería un poema pictórico, una elegía de Rilke.

JT.   Sería la primera elegía.

Y un coro de ángeles se esfuma tímido espantado por la música que, de repente, zumba en el local y que nos devuelve a una realidad sin nervio, hecha de horario y rutina, hecha de esa inercia de los días que imita a la vida. Pero en mi cerebro sigue fija la imagen del cuadro no hecho, *in medias res,* como metáfora de una venida esperada y temida a la vez, como una promesa hecha de abismos. Y miro al pintor. Está agotado, su mano enyesada por las trampas de la vida, pero firme en su convocación de lo que adviene de todos modos. Y el camarero se acerca, y el sonido de las alas se disipa, pero no se olvida en el oído del pintor y del filósofo. Llega el camarero y, con habilidad duchampiana, deshace completamente el bodegón semivacío de nuestra mesa. Nos damos un abrazo, Jordi y yo, y nos emplazamos para el siguiente encuentro.

FIN

TEXTOS SOBRE ARTE Y FILOSOFÍA

Jordi Teixidor y Rafael Herrera Guillén

LA ELECCIÓN DEL CAMINO[1]

Jordi Teixidor

Cuando se elige experimentar una estética es una ética lo que se elige. O quizás sea lo contrario.

Me he preguntado en muchas ocasiones hasta qué punto somos verdaderamente libres al decidir pintar de una determinada manera. Si no es la propia realidad observada la que en un tiempo y a velocidad determinada nos conduce a la elección del camino. En un momento que suele coincidir con el aprendizaje y formación, uno elige qué clase de realidad quiere vivir. Para un pintor, seguramente, lo que determina la senda a recorrer es la clase de realidad que quiere mostrar. Y lo que yo quería, en el momento de la elección del camino, no era contar el hombre o la sociedad: después de las vanguardias, una representación formar y conformista de la realidad me sonaba a engaño, a esa ocultación de lo real que está detrás de toda fijación doctrinaria.

Quería pensar el hombre y la sociedad, pensar su libertad, saber lo que hace el arte, ese fenómeno que solo el hombre puede generar, sea arte; eso que habita en la sombra, en ese lugar vacío que es la antítesis de la materia de toda creación artística. Quería pensar esa contradicción que reside en querer testimoniar, hablar, plasmar, ese lugar donde el fenómeno se produce.

Esa «música callada», esa «soledad sonora», fueron determinantes a la hora de elegir la abstracción. Y en aquel momento también me parecía que la elección era una resistencia frente a una pobre realidad social y cultural.

---

[1] Fragmento de Jordi Teixidor, *La elección del camino. Discurso del Académico Electo Excmo. Sr. D. Jordi Teixidor*. Leído en el acto de su recepción pública el día 2 de junio de 2002. Y contestación del Académico Excmo. Sr. D. Gustavo Torner de la Fuente, Madrid, 2002, pp. 12-13.

BODEGÓN VACÍO

Jordi Teixidor

En los años 60, al inicio de los estudios de pintura en las escuelas de Bellas Artes de España, se impartía la asignatura de bodegón. Te disponías a pintar con la mejor voluntad, pero también con una absoluta ignorancia: delante tenías un cacharro de cobre o de barro, unos limones o manzanas, cuando no una sandía y algún que otro recipiente de cristal, una garrafa casi siempre de color verde, todo ello sobre los pliegues de una tela artesanal. Resultaba arduo enfrentarse directamente a la «realidad» y querer representarla con los escasos conocimientos que poseíamos acerca de lo que era o debía de ser pintar.

Era una prueba difícil y el resultado, la mayoría de las veces, no era garantía de que pudiera existir una proyección de futuro artista.

Sin embargo, también era una prueba de la percepción y del entender lo que debía ser expresarse a través de formas y colores, y cuya finalidad era convertirse en una pintura que acabara siendo considerada y apreciada como creación artística. La aparente sencillez del modelo, desde un punto de vista didáctico, no era una iniciación fácil por la complejidad del tema, y tampoco creo que fuera adecuada como propuesta pedagógica.

El bodegón es un género histórico que no siempre fue igualmente valorado. Desde la Antigüedad, ha interesado especialmente a los pintores: para ellos, además del compromiso del encargo —era uno de los temas más solicitados—, suponía una manera libre de enfrentarse a lo real sin que existieran normas académicas y de estilo tan severas y exigentes como las que se pedían en otras disciplinas artísticas. El carácter inanimado del género, los cacharros, frutos o diferentes objetos facilitaban la organización de una composición menos rígida y, sobre todo, daban pie para a hacer una pintura más personal que quedase disfrazada por la teatralidad anecdótica de lo representado.

En la historia del arte español, el bodegón ocupa momentos importantes y es un género empleado por grandes pintores. Marca capítulos solemnes de su historia. Posiblemente uno de los bodegones más elevados se da con la obra de Sánchez Cotán. En sus cuadros, que habitan el vacío, hay una evocación que nos aproxima a san Juan de la Cruz. Hasta podríamos establecer y entender una relación, más allá de lo formal, con la obra de Malévich.

La exquisita geometría en la colocación de los diferentes objetos en las obras de Juan van der Hamen tampoco está lejos de la atmósfera que envuelve las obras de Morandi.

De la misma manera, la escasez y ausencia en el bodegón de los cacharros de Zurbarán, en los que aparece una negatividad existencial más que la tan traída y llevada religiosidad, bien podría acompañar una muestra de obras de Walter De Maria.

Desde Caravaggio, el bodegón no ha dejado de interesar a los artistas: encuentran en ese género un tema y motivo con el que enfrentarse a la representación mimética. Las posibilidades que el género permitía eran abiertas y suponían un buen cauce para contar otra realidad.

A partir de los bodegones de Cézanne —en los que se podía entender que no se trataba de que le gustasen las manzanas—, fue el Cubismo el que evidenció y constató las posibilidades de innovación, y fueron ellos (los pintores cubistas) los que supieron aprovechar el «juego» que el clásico género del bodegón podía darles. Nunca la naturaleza muerta fue menos muerta.

La colocación de un trozo de hule, con la imagen de una rejilla o de un papel de periódico, o la etiqueta de una botella liberó definitivamente al artista de una realidad externa, marcando el cambio —tal vez el más importante— en la historia del arte del siglo xx. Los bodegones de Picasso, Braque o Juan Gris nos separan de la visión tradicional. Con la ruptura de la exigente ley del espacio naturalista y la nueva manera de entender la relación de colores, se rompe el sistema de representación.

Picasso nos sienta alrededor de una mesa de café en la que los titulares de los periódicos superpuestos pueden propiciar una conversación sobre la actualidad, reflejo social del momento, tanto como lo eran los objetos, vasijas y dulces que Juan van der Hamen ofrecía al gusto de la nobleza madrileña y amigos de su época.

La línea de una mesa es la plataforma sobre la que sitúa Morandi sus cacharros, y esa naturaleza muerta (formada por recipientes vacíos reproducidos una y otra vez) alude al silencio y al orden casi monacal, a semejanza de su recluida vivencia en la casa familiar de Bolonia.

Los silencios ocupan el espacio en los bodegones de Zurbarán. Silencios en los que unos cacharros, colocados uno a uno de manera calculada, evidencian más que su propia presencia: un vacío. Y la soledad que el tema trasmite da lugar a toda clase de reflexiones, más allá de la realidad que está reproduciendo. Se trata de bodegones vacíos.

EL NEGRO ES EL NEGRO, Y TODO LO DEMÁS SON COLORES[2]

JORDI TEIXIDOR

No estoy seguro de haber sabido de la pintura de Ad Reinhardt antes de 1961. Fue en Semana Santa de ese mismo año cuando decidí visitar Cuenca con dos compañeros de la escuela de Bellas Artes de Valencia, Ignacio Fuster (hoy dedicado a la poesía) y José María Yturralde.

En aquel momento, no solo no existía el Museo de Arte Abstracto Español, sino que las Casas Colgadas estaban en ruina total. Conocimos entonces a Gustavo Torner, y a través de él a Fernando Zóbel. Desde aquel primer viaje, mis visitas a Cuenca fueron periódicas.

Yturralde y yo pudimos asistir, desde el principio de su andadura, a la creación del futuro museo que se inauguraría en julio de 1966. Durante los dos veranos siguientes (entonces el museo solo se abría en verano), ambos colaboramos, con más entusiasmo que experiencia museística, como conservadores.

Sí, fue entonces cuando supe de la existencia del pintor Ad Reinhardt. La estancia en Cuenca me permitió hacer uso con frecuencia de la magnífica biblioteca que Zóbel había aportado al museo. Además de excelentes monografías de artistas contemporáneos, contenía una amplia colección de revistas de arte moderno. Debió de ser, seguramente, a través de las revistas como llegué a la pintura de Ad Reinhardt, como en la *Art International* de 1962, en la que se había publicado su texto programático *El arte-como-arte*.

Recuerdo que no me desconcertó conocer la radicalidad de su pintura, como tampoco el uso extremado que hacía del color negro (aunque es probable que la reproducción fuera en blanco y negro), ni me sor-

---

[2] Publicado en el catálogo de la exposición *Ad Reinhardt: «El arte es el arte y todo lo demás es todo lo demás»*, que tuvo lugar en la Fundación Juan March, sede de Madrid, del 15 de octubre de 2021 al 16 de enero de 2022.

prendió la ausencia total de «contenido». Estaba en un museo de arte abstracto.

Es probable que en aquella época mi análisis de su obra careciera de rigor, pero mi desconocimiento no anulaba mi interés. Se produjo —y ahora me doy cuenta— una especial empatía hacia aquella manera de entender la pintura. En mis comienzos como pintor, encontraba una especial complacencia en el empleo reducido de elementos referenciales, en la sobriedad de formas y la intencionada pretensión de que mis cuadros pudieran hacer reflexionar.

Aunque desconocía en aquel momento —porque mi oposición radical frente al realismo era casi militante— la máxima de Ad Reinhardt («El único modo de decir lo que es el arte o el arte-como-arte, es diciendo lo que no es»[3]), muchos de los planteamientos que descubrí en aquellos años acabaron formando parte de mi manera de concebir la pintura y, por extensión, de mi manera de entender el arte. El aprender y conocer de entonces se convirtieron en el modo de desarrollar un arte abstracto en el que he pretendido que habite, con una intención primordial, aquel que alude y nos transmite sensaciones de lo transcendente y también de lo sagrado. Creo que todo gran arte contiene en su esencia este tipo de experiencia, por mucha que haya sido la evolución y muchos los cambios que se hayan producido en él. Que la búsqueda de esas sensaciones hoy pueda no interesar se explica en un contexto que va más allá del propio terreno del arte.

La atmósfera que acabé descubriendo en la obra de Ad Reinhardt ha guiado parte importante de mi pintura. La apreciación de la ausencia y el silencio en su minimalismo, ese que dio más tarde origen al movimiento, marcaron mi camino hacia la búsqueda de una abstracción que se relaciona con la nada, con ese vacío que intenta, como explica Chantal Maillard[4], representar la realidad última.

Me ha interesado —y sobre ello he insistido— el poder que el cuadro adquiere en la pintura de Reinhardt. A través de su utilización, consigue un especial realce que otorga a la superficie pictórica el valor total de la obra. El cuadro acaba siendo el propio espacio cromático y la pintura, carente de toda imagen: nos está pidiendo una reflexión que va más allá de la mirada contemplativa. Es la negación de una lógica de lo mirado potenciada por la utilización del negro, un color que en Reinhardt resulta, desde el punto de vista cromático, contradictorio en la medida en que no es absoluto, porque se forma con pequeñas e imper-

---

[3] Ad REINHARDT, «Art-as-art», *Art International* (1962), pp. 36-37.
[4] Chantal MAILLARD, *Contra el arte y otras imposturas*, Pre-Textos, Valencia, 2009.

ceptibles variaciones de «otros» colores que dan lugar a una tenue vibración solo apreciable durante el ejercicio prolongado de la mirada.

La manera en que Reinhardt ha considera el negro, después de haber desarrollado una etapa de riqueza cromática, supone un posicionamiento radical y una desconsideración hacia el resto de los colores. La entrega absoluta al negro, junto con la utilización de elementos cruciformes, generan asociaciones y connotaciones más allá de lo que tal vez él mismo hubiera deseado: conforman ese mundo de referencias que él rechazaba porque entendía que podían relacionarse con lo místico, el mismo que le distanciaba de colegas como Mark Rothko o Barnett Newman, y que es precisamente una influencia importante en su pintura.

La obra de Ad Reinhardt ha estado presente en la evolución de mi trayectoria pictórica, aunque tal vez más como posicionamiento ante la pintura que como referencia formal. Sin embargo, algunas de mis obras sí han «partido» de sus criterios, y he buscado conscientemente en él lo que para mí sería una influencia ejemplar.

Su obra tardó en estar presente en el arte español, donde solo una minoría de los artistas mostró interés en ella. Existía una distancia ocasionada, de un lado, por un lenguaje formalmente vacío en extremo y, de otro, por la manera tan distinta de entender y usar un color como el negro. Sobre todo porque para ellos este color —tan asimilado y aceptado en la pintura española contemporánea— también desdecía totalmente el planteamiento que el pintor americano hacía de él. No tiene nada que ver (más bien, está en las antípodas) con el negro empleado, por ejemplo, por el Grupo El Paso o por José Guerrero. Para estos artistas, el negro estaba cargado de connotaciones e incluso simbolismos.

Para Ad Reinhardt el negro es el negro, y todo lo demás son colores.

FILOSOFÍA DEL UMBRAL EN JORDI TEIXIDOR[5]

Rafael Herrera Guillén

Jordi Teixidor es el pintor de los filósofos. No quisiera ser reduccionista. Ni mucho menos querría unir el destino de este gran artista al de esa clase de seres humanos un poco sospechosos que dedican su tiempo a cosas inútiles, como son siempre los filósofos.

Hace ya tiempo que comprendí que allí donde «habla» el arte, la filosofía debería más bien callarse. Pero como conozco al gremio, sé que el mal socrático de no callarse ni debajo del agua afecta al filósofo, de tal manera que, cuando llega a la conclusión de que debe callarse, en lugar de callarse (como hicieron otros, tales como Carlos Michelstaedter a la trágica, o Wittgenstein reinventándose), pues eso, que en lugar de callarse, se dedican a dilucidar qué es el silencio, y sueltan y escriben largas parrafadas sobre el sentido del silencio, del no decir, del mutismo, del misticismo, de lo inefable y qué sé yo cuántas cosas más. Y como conozco al gremio de pensadores, digo, y sus manías palabristas, me junto cada vez más con personas sensatas, cuya locura me parece más fructífera, justo porque no se expresa con palabras, de las que huyo como de la peste, pues donde hay verbo, hay sangre y ausencia, donde hay verbo, hay violencia y olvido, donde hay verbo, hay amenaza y sacrificio, donde hay verbo la humanidad peligra.

Algunas de estas cosas me las enseñó hace décadas José López Martí, a quien dediqué una columna hace años («José López Martí existe»). Entiéndase bien: me las enseñó, no me las explicó, ni me habló de ellas nunca: me las enseñó de ese modo en que solo el sabio puede enseñar, a saber: mostrando el arte de integrar el silencio propio como una voz que no nos pertenece. Quien aprende esto demasiado pronto, termina en la locura, pero quien lo aprende demasiado bien, terminará sabiendo que la filosofía no es más que un género fantástico imprescindible, pero se-

---

[5] Publicado en *Diario La Verdad*, Columna «El hombre perdido», de 12 de febrero de 2024.

cundario, cuando el objetivo de un hombre es hallar alguna verdad, alguna evidencia de sentido, alguna luz.

En realidad, al decir que Jordi Teixidor es el pintor de los filósofos no estoy siendo del todo justo. Debería decir más bien que Jordi Teixidor es el pintor de los filósofos que han arrojado al fuego de la caverna toda la filosofía que habían aprendido y viven enfrentados al muro de las sombras platónicas, con un afán lleno de dudas por saltar al otro lado. Y aquí es donde la pintura de Teixidor es luminosa.

Una de las grandes obras de este artista tiene por título *Final de partida*, en una alusión expresa a la obra homónima de Samuel Beckett. La obra de Jordi Teixidor es cualquier cosa menos evidente. Requiere del espectador una exigencia. Aunque la factura de sus pinturas es impecable y contienen una elegancia que permite su disfrute inmediato, hay algo muy hondo en muchas de ellas que solo se puede atravesar si se cuenta con determinado bagaje y con voluntad de enfrentarse a la obra. *Final de partida* es la culminación pictórica del tema del muro, del límite, del umbral, del espejo opaco. El espectador anhela atravesar la pintura, destruirla conceptualmente, incluso saltar por encima de ella para descubrir qué encierre lo otro. En la obra homónima teatral, Beckett escribe este diálogo:

> «HAMM: ¡La pared! ¿Y qué ves en tu pared?... CLOV: Veo mi luz que se extingue. [...] HAMM: ¿No estamos a punto de... de... significar algo? CLOV: ¿Significar? ¡Significar nosotros! (Risa breve) ¡Esta sí que es buena! [...] HAMM: Conocí a un loco que creía que había llegado el fin del mundo. Pintaba. Lo apreciaba... Lo cogía de la mano y lo conducía hasta la ventana. ¡Mira!... ¡Qué belleza! Se desasía de mi mano... Horrorizado. Solo había visto cenizas».

Cada vez existo menos, me digo ante la obra de Teixidor. Lejos de entristecerme, esta evidencia universal de la ceniza impulsa mi ánimo con una conciencia de amor al tiempo y a la vida como la que solo puede entregarnos el beso de un hijo, el abrazo de la amada o una obra de arte bella.